Michael Zerjadtke (Hrsg.)

Die Heimkehle und das KZ „Heinrich"

Zum Konzentrationslager in Rottleberode, zum Missbrauch
der Heimkehle bei Uftrungen als Rüstungsproduktionsstätte und
zum Kriegsende im Thyratal

Bibliografische Information der Deutschen Nationalbibliothek: Die Deutsche Nationalbibliothek verzeichnet diese Publikation in der Deutschen Nationalbibliografie; detaillierte bibliografische Daten sind im Internet über dnb.dnb.de abrufbar.

Verlag:
BoD · Books on Demand GmbH, In de Tarpen 42, 22848 Norderstedt, bod@bod.de
Druck:
Libri Plureos GmbH, Friedensallee 273, 22763 Hamburg

ISBN: 978-3-7693-2385-6

Inhalt

Vorwort des Bürgermeisters

Sehr geehrte Leserinnen und Leser,

wir erinnern mit diesem Band an die missbräuchliche Nutzung unserer einzigartigen Karsthöhle Heimkehle. Seit 80 Jahren ist der Zweite Weltkrieg nun vorbei. Seitdem können wir in Deutschland in Frieden leben. Eine ganze Generation hat glücklicherweise das Leid und die Entbehrungen kriegerischer Epochen nicht durchmachen müssen. Trotzdem verliert es nicht an Wichtigkeit, an die abscheulichen und menschenverachtenden Verbrechen zu erinnern, welche durch deutsche Nationalsozialisten auch hier in unserer Region verübt wurden. Richard von Weizsäcker formulierte seinerzeit die fortwährende Aktualität in dem Satz: „Wer aber vor der Vergangenheit die Augen verschließt, wird blind für die Gegenwart."

Das Ende des Krieges vor 80 Jahren bedeutete auch das Ende der Konzentrationslager, so auch hier im Thyratal, die als Außenlager vom „KZ Mittelbau-Dora" bei Nordhausen betrieben wurden. So baute man seinerzeit auch unsere Heimkehle als Produktionsstätte für Rüstungsgüter aus. Die Besonderheiten des Gipskarstes, unterirdisch große Höhlen entstehen zu lassen, wurden als Zwangsarbeitsstätte vielfach zum Ort mörderischer Qualen.

Die Heimkehle ist heute wieder eine sehr wichtige touristische Attraktion – sowohl als geologische Einzigartigkeit in der Karstlandschaft Südharz, als Winterquartier für eine Vielzahl von Fledermäusen, als Erlebnis- und Bildungsdestination. Aber eben auch wegen ihrer bewegten und mitunter dunklen Geschichte ein Mahnmal und Gedenkstätte.

Anlässlich des 80. Jahrestages der Befreiung wird im besonderen Gedenken das Leid der Häftlinge in Wort und Bild gefasst. Der vorliegende Band soll die mahnende Erinnerung an die Vergangenheit stärken und mithelfen, nicht in Vergessenheit zu geraten. Er zeigt uns beispielsweise eindrucksvoll die Phase des Umbaus zu einer Industrieproduktionsstätte. Dort, wo vorher Familien die faszinierende Natur direkt erleben und zur Erholung vom Alltagsstress nutzen konnten, entstand ein Ort, der mit seiner Produktion Vernichtung bringen sollte und schon durch die Produktion Menschen vernichtete.

Genau am 80. Jahrestag des Abtransports bzw. Abmarsches der Häftlinge in der Nacht vom 4. zum 5. April 1945 werden wir eine inhaltsreiche Gedenkveranstaltung organisieren. Mit dieser Veranstaltung geben wir der mahnenden Erinnerung an die grausame Epoche einen würdigen Raum. Vielfältige Aktionen werden uns im Rahmen dieses gedenkenden Jubiläums daran erinnern, dass der 80 Jahre währende Frieden in unserem Land kein Selbstverständnis ist, sondern das mühevolle Ergebnis von Vernunft, grenzübergreifendem Vertrauen und würdigender Toleranz. Lassen wir nicht zu, dass dies gefährdet wird.

Ich möchte an dieser Stelle die Chance nutzen, allen zu danken, die zum Gelingen des vorliegenden Werkes sowie der Gedenkveranstaltungen beigetragen haben. Auf unterschiedlichste Weise wurde unterstützt und geholfen. Durch das ehrenamtliche Engagement der Bürgerinnen und Bürger und die professionelle Arbeit der Herausgeber, Autoren, Mitarbeiter der Gemeinde und Fachexperten wird die Erinnerung lebhaft und mahnend gestaltet. Ich bin mir sicher, dass der interessante Band eine weite Verbreitung über unsere Region hinaus findet.

Peter Kohl, Südharz im Januar 2025

Vorwort des Herausgebers

Liebe Leserinnen und Leser,

alle Anwohnerinnen und Anwohner der Orte im Thyratal sind mit der Schauhöhle Heimkehle als Sehenswürdigkeit vertraut. Bei den Führungen wird stets auch auf den Missbrauch der Höhle während des Zweiten Weltkrieges eingegangen und ein Mosaik aus DDR-Zeiten sowie ein Gedenkstein am Ausgang erinnern an das Schicksal der KZ-Häftlinge, die in den Werkhallen zur Arbeit gezwungen wurden. Wer sich tiefer mit der Materie auseinandersetzen wollte, war bisher darauf angewiesen, in der Literatur zum Lager Dora, zum Kreis Sangerhausen im Dritten Reich oder zur Rüstungsproduktion im Harz nach Informationen zu suchen. Der 80. Jahrestag des Kriegsendes und damit der Auflösung der Konzentrationslager sollen als Anlass dienen, einen eigenen Band zusammenzustellen, der sich allein dem Lager „Heinrich" widmet, um Interessierten und künftigen Besuchern der Heimkehle eine passgenaue Informationsquelle zur Verfügung zu stellen.

Der Ortsbürgermeister von Uftrungen, Ralf Götze, äußerte als Erster die Idee, den runden Jahrestag zu nutzen, um an die Schrecken der Nazizeit und speziell an die Rolle der Heimkehle zu erinnern. Schnell kam der Gedanke an eine Gedenkveranstaltung vor Ort sowie ein Begleitheft auf, das auch nach dem April 2025 weiterhin als Mahnung dienen könnte. Beim Bürgermeister der Gemeinde, Peter Kohl, stieß das Vorhaben auf offene Ohren und die Mitarbeiter der Sachgebietes Tourismus boten sofort ihre Unterstützung an. Mit dieser Rückendeckung war es möglich, eine Reihe von hochkarätigen und fachlich ausgewiesenen Expertinnen und Experten zugewinnen, die Beiträge verfassten. Ihnen sei an erster Stelle besonders gedankt, dass sie sich neben ihren täglichen Aufgaben die Zeit nahmen, Texte für den vorliegenden Band zu verfassen. Mein Dank als Herausgeber geht zudem an den Ortsbürger-meister Ralf Götze und Gemeindebürgermeister Peter Kohl sowie die Leiterin des Sachgebiets Tourismus, Claudia Hacker, und ihr Team, speziell Gesine Kulow, die das Manuskript sorgfältig lektorierte. Auch den Höhlenführern der Heimkehle Andreas Hammer, Christine Hruschka, Josef Grunert und Simone Kneißl ist für ihre Hilfe und ihre Betreuung der Arbeitsgruppentreffen Dank auszusprechen. Weiterhin danke ich Heinz Noack für seine Bereitwilligkeit, Fotoaufnahmen von den Produktionsstätten in der Heimkehle zur Verfügung zu stellen. Dank gebührt zudem Karin Rosemann vom Geschichtsverein Rottleberode, die bei der Suche nach der Bahnverbindung zwischen Stempeda und der Heimkehle half. Danken möchte ich auch meinem Vater Wolfgang Zerjadtke, der über Jahrzehnte hinweg wertvolle Originalquellen, Kopien und Literatur über die Heimkehle gesammelt hat und ohne dessen Hilfe und Unterstützung der vorliegende Band nicht hätte umgesetzt werden können.

An dieser Stelle muss allerdings auch auf den blinden Fleck des vorliegenden Bandes hingewiesen werden, nämlich das Fehlen eines Beitrages über das Lager in Stempeda. Dort wurde bald nach der Einrichtung des Konzentrationslagers im Nachbarort Rottleberode ein Zweiglager errichtet, in dem ein Teil der Häftlinge an mehreren Stollen arbeitete. In einigen Quellen und Artikeln wird allerdings, zumindest am Rande, auf die dort vorherrschenden Verhältnisse und unmenschlichen Arbeitsbedingungen eingegangen.

Der vorliegende Band unterscheidet sich von den meisten Büchern zum Thema in zweierlei Hinsicht. Erstens wurde besonderes Augenmerk auf die Aussagen von Zeitzeuginnen und -zeugen gelegt. Anstatt diese „nur" in den wissenschaftlichen Beiträgen zu verarbeiten, wurde vom Herausgeber entschieden, ihnen mehr Platz einzuräumen. Diese Berichte sind unschätzbar wichtige Quellen, aus denen die Überlebenden und Zeugen direkt zu uns sprechen. Sie ergänzen sich vorzüglich mit den Informationen aus den Beiträgen der Expertinnen und Experten. Als zweiter Unterschied wurden in gewissem Rahmen auch die Geschehnisse in den der Heimkehle benachbarten Orten mit aufgenommen. Auch wenn hierzu kein separater Beitrag verfasst wurde, so sprechen die Texte über das Kriegsende in Rottleberode und Uftrungen dennoch für sich. Damit dient der vorliegende Band nicht nur zur Information über das KZ „Heinrich" und die Heimkehle, sondern zudem auch über die unmittelbaren Nachbarorte, die mit dem Lager eng verflochten waren.

Es bleibt zu hoffen, dass der vorliegende Band auf reges Interesse stößt. Auch wenn er sich auf ein relativ kleines Lager des KZ-Systems bezieht, so zeigt er doch, wie weit verbreitet und essentiell der Einsatz von KZ-Häftlingen und Zwangsarbeitern gegen Ende des Krieges war. Die Führung des NS-Staates war darauf angewiesen, auch kleinere Orte zu involvieren und entlegene Höhlen als Fertigungsstätten zu nutzen, um die Rüstungsproduktion aufrecht zu erhalten. Der Alltag der Unterdrückung und Ermordung von Menschen fand im Dritten Reich nicht nur in den größeren Zentren statt, sondern war allgegenwärtig.

Michael Zerjadtke, Charlottesville (Virginia), Februar 2025

Einleitung

Michael Zerjadtke

Das Konzentrationslager mit dem Decknamen „Heinrich" wurde im März 1944 in Rottleberode als Außenstelle des bei Nordhausen befindlichen Stammlagers „Mittelbau-Dora" eingerichtet. Es beherbergte eine wachsende Zahl von Häftlingen, die zu unterschiedlichen Arbeiten herangezogen wurden. Der größte Teil musste in den sogenannten Thyrawerken schuften, einer Fabrik der Junkers-Werke, die in die natürliche Karsthöhle „Heimkehle" eingebaut worden war. Zu diesem Zweck wurde die zuvor aufwändig als Schauhöhle zugänglich gemachte Heimkehle umfassend umgebaut. Weitere Gefangene wurden in dem im Januar 1945 errichteten Zweiglager „Lava" bei Stempeda eingesetzt, um Stollen in den Berg zu treiben, die später für die Unterbringung weiterer Produktionsstätten genutzt werden sollten. Lange dauerten die Arbeiten nicht an, denn die Front rückte rasch näher. Am 4. April 1945 wurden die Häftlinge, die bis dahin überlebt hatten, im Rahmen einer als „Evakuierung" bezeichneten Räumungsaktion aus Rottleberode und anderen Lagern abtransportiert. Dies geschah teils in Bahnwaggons, anderen Transportmitteln oder zu Fuß. Während dieser Todesmärsche kamen viele entkräftete Häftlinge zu Tode oder wurden vom begleitenden Personal umgebracht. Ein Teil der Häftlinge aus Rottleberode wurde zusammen mit weiteren Häftlingen aus anderen Lagern der Südharzer Region am 13. April 1945 in einer Feldscheune bei Isenschnibbe ermordet. Einen Tag zuvor waren amerikanische Truppen in Rottleberode eingetroffen.

Das Konzentrationslager „Heinrich" wurde bisher zumeist zusammen mit dem Stammlager Dora in Nordhausen und den übrigen Außenlagern abgehandelt. An erster Stelle sind die Dissertationen „Das

Konzentrationslager Mittelbau in der Endphase der NS-Diktatur" von Joachim Neander und „Produktion des Todes" von Jens-Christian Wagner zu nennen, die sich beide mit dem Lagerkomplex Dora beschäftigen. Das Lager in Rottleberode findet in den Begleitbüchern zur Dauerausstellung in der Gedenkstätte Mittelbau-Dora und weiteren thematischen Bänden Erwähnung. Eine Ausnahme ist die an der Universität Leipzig eingereichte Bachelorarbeit „Das KZ-Außenlager Rottleberode" von Sophie Volkmann, in der die bisherigen Forschungen zusammengefasst und mit den in Dora und anderen Archiven zugänglichen Quellen ausgewertet wurden.[1] Sie alle beschäftigten sich mit den Vorgängen und den Geschehnissen in den Konzentrationslagern, dem Umgang mit den Häftlingen und mit den Tätern.

Über diese wichtige Kernliteratur hinaus sind noch weitere Autoren zu nennen, deren Werke zum Verständnis beitragen. Die Produktionsstätten in der Heimkehle und weiteren unterirdischen Anlagen wurden von dem Rechtsanwalt Frank Baranowski intensiv bearbeitet. Der Geschichte des Landkreises Sangerhausen im Dritten Reich und vor allem während der letzten Kriegsjahre hat der Heimatforscher Thilo Ziegler mehrere Bücher gewidmet. Weiterhin kann der Geologie-Ingenieur Reinhard Völker angeführt werden, der unter anderem Hefte über die Erschließung der Heimkehle verfasste. Zuletzt hat Heinz Noack einen umfangreichen Band über die Geschichte der Heimkehle vorgelegt.[2] Sie sollen an dieser Stelle stellvertretend für viele weitere Autorinnen und Autoren stehen, die in unterschiedlichen Medien zum Lager in Rottleberode und zur Heimkehle in der Zeit des Dritten Reiches publiziert und damit zur Festigung der Erinnerung beigetragen haben.

Doch auch die Häftlinge sind nicht stumm geblieben. Eine ganze Reihe von Überlebenden des Lagers in Nordhausen haben ihre Erlebnisse zu Papier gebracht. Hier wären neben anderen Marcel Arbez, Jiří Beneš, Yves Béon, Aimé Bonifas, Leopold Claessens, Mario D'Angelo, Michel Depierre, Christian Desseaux, Michel Fliecx, Hans Frankenthal, Jean Mialet, Jean Micheln und André Mouton zu nennen.[3] Für das Lager in Rottleberode liegt kein entsprechendes Buch vor. Der französische Diplomat Stéphane Hessel, der unter falschem Namen in Dora und für kurze Zeit auch in Rottleberode inhaftiert war, erwähnt die Episode nur sehr knapp in seinen Memoiren. Weitere Informationen liefert André Carre in seinen bisher nur zum Teil veröffentlichten Antworten auf einem Fragebogen der Association Française Buchenwald Dora et Commandos. Der umfangreichste Bericht liegt allerdings von Täterseite vor. Die vom Wachmann Wilhelm Mirbach verfassten Erinnerungen liefern ein umfassendes Bild vom Leben im Lager in Rottleberode. Seine Ausführungen sind jedoch stark geschönt und spielen das Leid der Häftlinge herunter.[4]

Die Perspektive der ortsansässigen Bevölkerung von Rottleberode, Stempeda und Uftrungen ist am schlechtesten dokumentiert. Die Anwesenheit der Gefangenen, ihr gesundheitlicher Zustand und die Behandlung durch die Wachmannschaften waren allgemein bekannt. Da sich die Unterkunft der Häftlinge direkt am Ortsrand von Rottleberode befand, neben einem Lager für mehrere Tausend Fremdarbeiter, sie zumindest bis zur Fertigstellung der Bahntrasse täglich durch den Ort marschierten und in den Einrichtungen des Lagers zudem auch Zivilpersonal aus der Region tätig war, bestand täglich ein gewisser Kontakt zur Zivilbevölkerung. Der damals 17 Jahre alte Rottleberöder Reinhold Siebold berichtete anlässlich einer Gedenkveranstaltung vom Klappern der Holzschuhe, das weithin hörbar gewesen sei.[5] Auch von den Uftrungern Martha Marx sowie Roswitha und Manfred Hoffmann sind Aussagen überliefert, aus denen Kenntnisse über die Verhältnisse und den grausamen Umgang mit den Gefangenen hervorgehen.[6]

Um das Gedenken an das Schicksal der Häftlinge in Rottleberode, Stempeda und der Heimkehle zu pflegen, wurden verschiedene Wege eingeschlagen. Im September 1954, ein halbes Jahr nach der Wiedereröffnung der Höhle Heimkehle, wurde eine erste Gedenktafel im Kleinen Dom angebracht.[7] Im Jahr 1972 wurde vom Rat des Kreises ein monumentales Bild aus Kacheln beim Sangerhäuser Künstler Wilhelm Schmied in Auftrag gegeben.[8] Die feierliche Einweihung fand 1977 statt. In dieser Zeit wurde die Ausstellung im Eingangsstollen neu zusammengestellt, wobei der Fokus auf dem Karst lag. Die Zeit des Missbrauches im Zweiten Weltkrieg wurde ebenfalls mit thematisiert. In der DDR fanden zudem jährlich am 14. September, dem Tag der Opfer des Faschismus, Kranzniederlegungen an den Mahnmalen in der Heimkehle und in Rottleberode statt.

Eine weitere, umfangreichere Ausstellung zum KZ „Heinrich" und dem Missbrauch der Heimkehle wurde 2002/3 von Wolfgang Zerjadtke auf Initiative der Gemeinde konzipiert und umgesetzt. Anlässlich der Eröffnung dieser Ausstellung wurde außerhalb der Höhle ein Gedenkstein gesetzt, der später am Höhlenausgang platziert wurde. Die Ausstellung befand sich in einem Gebäude am nördlichen Eingangsstollen, das 2021 abgerissen wurde. Ein weiterer Gedenkstein wurde an der Zufahrt zur Straße „Am Waldschlösschen" in Rottleberode platziert und um eine Informationstafel über die früher dort befindlichen Lagerbauten ergänzt. Die Stollen bei Stempeda wurden nach dem Jahr 2000 nach und nach dauerhaft verschlossen und dienen nur noch als Heimstatt für Fledermäuse. Auch dort informiert eine Tafel über die Zugehörigkeit zum Konzentrationslager in Rottleberode.

Aufgrund des Umbaus des Eingangsstollens und des Abbaus der Ausstellung gibt es im Bereich der Heimkehle momentan bis auf die Tafel am Gedenkstein keine weitere Informationsquelle über die Nutzung der Höhle im Zweiten Weltkrieg. Diese derzeit bestehende Lücke soll zumindest partiell durch den vorliegenden Band gefüllt werden. Er ist die erste eigenständige Publikation, die allein dem Konzentrationslager „Heinrich" gewidmet ist und sich reich bebildert an ein breiteres Publikum wendet.[9]

Bei der Konzeption des Bandes wurden unterschiedliche Aspekte berücksichtigt. Erstens soll ein umfassendes Bild des Lagerkomplexes in Rottleberode und der Produktionsstätten in der Heimkehle gegeben werden. Zweitens wird versucht, neue Forschungen und bisher wenig berücksichtigte Perspektiven mit einzubeziehen, speziell die Gesundheitsversorgung und das Leben der Häftlinge im Lager Rottleberode. Drittens soll der Band inhaltlich über den Lagerkomplex in der Zeit seines Bestehens hinausgehen und weiterhin auch die Geschichte der Heimkehle vor und nach dem Missbrauch thematisieren sowie das Schicksal der Nachbarorte mit einbeziehen. Viertens und letztens wurde der Entschluss gefasst, auch einige Primärquellen in längerem Umfang abzudrucken. Dadurch soll ein unmittelbarer Zugang zu den Aussagen einiger Zeitzeugen ermöglicht werden, auch wenn sie mit einigem zeitlichen Abstand zu den Geschehnissen niedergeschrieben wurden. Der Bericht des Häftlings André Carre, die Auszüge aus der Rottleberöder Chronik von Franz Krelle, die Eintragung aus dem Uftrunger Kirchenbuch und die Berichte einiger Zivilisten aus dem Jahr 1963 sind in diesem Band erstmals veröffentlicht. Insbesondere die Gegenüberstellung mit dem Erlebnisbericht des Überlebenden des Massakers von Isenschnibbe, Romuald Bak, ermöglicht es zu vergleichen, wie die KZ-Häftlinge und die Anwohnerinnen und Anwohner das Kriegsende erlebten. Während in Rottleberode, in dessen Chronik das Konzentrationslager immerhin Erwähnung fand, tatsächlich auch einige Bomben fielen, blieb Uftrungen nahezu unbeschadet. Ganz im Gegensatz dazu fand ein Großteil der bis zum 4. April 1945 überlebenden Häftlinge bei den Todesmärschen ein qualvolles Ende.

Anmerkungen

---

[1] Neander 1997; Wagner 2001; ders. 2014; Volkmann 2013.

[2] Baranowski 2000; des. 2003; Völker 1981, ders. 1984; Ziegler 1975, 23–28; ders. 1999, 106–112; ders. 2004, 175–188; Noack 2024.

[3] Arbez 2007; Beneš 2019; Béon 1999; Bonifas 1968; Claessens 2021; D'Angelo 2008; Depierre 2009; Desseaux 2011; Fliecx 2013; Frankenthal 1999; Mialet 2006; Michel 1979; Mouton 1999. Lucien Colonel war Häftling in Buchenwald berichtete über die Todesmärsche und überlebte das Massaker von Isenschnibbe: Colonel/Germain 2011.

[4] Hessel 2000, 110–112; Mirbach 1997. André Carres Bericht ist abschnittsweise publiziert in: Ziegler 2004, 176f.

[5] Koch 2015.

[6] Martha Marx, in: Ziegler 2004, 178. – einige Aussagen von Roswitha und Manfred Hoffmann wurden am Montag, 15.07.2002 von Wolfgang Zerjadtke dokumentiert. Privatarchiv Zerjadtke/Uftrungen.

[7] Schuster 1956, 24–27; 35 (Abbildung). Sie wurde vom Kunststeinwerk Roman Kretscher in Brücken gestiftet: Aufzeichnungen von Wolfgang Zerjadtke, Privatarchiv Zerjadtke/Uftrungen. Zur Wiedererschließung: Völker 1981, 36f.

[8] Ratsvorlage Höhle Heimkehle, Kopie: Privatarchiv Zerjadtke/Uftrungen. Verbleib des Originals unklar.

[9] Die Bachelorarbeit von Sophie Volkmann 2013 ist aufgrund ihrer akademischen Konzeption nur bedingt zur Einführung geeignet. Eine weitere umfangreiche Darstellung mit sehr gutem, teils bisher unveröffentlichtem Bildmaterial ist zu finden in: Noack 2024, 105–129.

Quelle 1: Taten einiger Wachleute in Rottleberode

Befragung des ehemaligen Häftlings Romuald Bak. Arolsen Archives, https://collections.arolsen-archives.org/de/archive/1-1-27-0_9031600

Aufgenommen in der Abtlg. Dachau, 7708 Kriegsverbrechengruppe, Afo 407, U.S. Armee am 3. Juni 1947. Der Zeuge wurde vom Vernehmenden wie folgt vereidigt: „Ich schwöre feierlich, daß die Zeugenaussage, welche ich in der Angelegenheit, die jetzt abgehandelt wird, machen werde, die Wahrheit sein wird, die ganze Wahrheit und nichts als die Wahrheit, so wahr mir Gott helfe."

Mein Name ist Bak, Romuald und ich lebe ich Braunschweig, Schlöterstr. 1, c/o Reiners, Deutschland.

Am 16. September 1944 wurde ich verhaftet, weil ich mich an der Schlacht von Warschau beteiligt [hatte] und wurde ins KL Birkenau gebracht, welches ein Außenlager von Auschwitz war. Ich kam innerhalb eines Transportes dorthin, der aus 3.200 Männern bestand. In Birkenau I blieb ich ungefähr zwei Wochen lang. Von Birkenau I wurde ich am 1. oder 2. Oktober 1944 nach Buchenwald verlegt. In Buchenwald blieb ich einen Monat lang, nach dieser Zeit wurde ich zur Außenstelle Rottleberode versetzt. Ich blieb hier bis zum 4. April 1945 und arbeitete dort in der Thyrafabrik.

Im Januar oder Februar 1945 wurde diese Gruppe dem Lager Dora zugeordnet. Hier in Dachau erkannte ich Brauny, den ehemaligen Lagerkommandanten von Rottleberode. Die gesamte Zeit über schlug er auf fürchterliche Weise Häftlinge zusammen, besonders jüdische Häftlinge. Er mißhandelte sie bei jeder Gelegenheit. Ich erinnere mich an eine Gelegenheit, wo Brauny einem jüdischen Häftling mit dem Fuß ins Gesicht trat, bis der Häftling auf den Boden fiel und blutüberströmt war. Ich weiß nicht, ob dieser Mann anschließend starb oder nicht.

Tatsächlich morden habe ich bei Brauny nie gesehen, wohl aber sehr schlimmes Schlagen. Ich sah mit meinen eigenen Augen, daß Brauny Häftlinge schlug. Brauny war für alles, was im Lager passierte, verantwortlich, denn alle Befehle stammten vom ihm. Brauny war der Transportführer von Rottleberode nach Gardelegen. Ich selbst befand mich auf diesem Transport und circa 2 oder 3 Tage nach Transportbeginn erschien Brauny.

Von Dora nach Miste fuhren wir mit dem Zug und von Miste nach Gardelegen gingen wir zu Fuß. Wir marschierten ungefähr neun bis zehn Stunden, bis wir in einem Wald ankamen, in dem wir ungefähr zwei Tage lang ohne Wachen blieben. Die Wachen liefen fort wegen des Gerüchts, daß die Amerikaner in der Nähe seien, und wir blieben im Wald mit der Hoffnung, daß die Amerikaner eintreffen würden.

Am 13. April 1945 kam ein deutscher Bauer und sagte uns, daß wir sofort nach Gardelegen gehen sollten, dann in Gardelegen wäre ein Treffpunkt für alle Häftlinge; daß wir dort Nahrung, Kleidung und Behandlung usw. bekommen würden. Wir wurden auf LKW geladen und nach Gardelegen gebracht. Meine Gruppe bestand aus ungefähr 80 Männern, als wir in Gardelegen ankamen und insgesamt waren wir 1.300 Menschen. […]

Eine zweite Person, die ich hier in Dachau erkannte, war Walter Ulbricht. Ulbricht bekleidete das Amt des Kommandoangestellten im Lager Rottleberode. Er war ein Häftling und trug ein grünes Dreieck.[1] Ulbricht wohnte im 2. Stock, wo sich der Lagerraum befand. Juden hatten solche Angst vor Ulbricht, daß sie, bevor sie den Lagerraum betragen, fragten, ob Ulbricht da wäre oder nicht. Gesetzt den Fall, er war anwesend,

---

[1] Grüne Dreiecke sollten „Berufsverbrecher" kennzeichnen.

wagten sie es nicht, das 2. Stockwerk zu betreten. Ulbricht schlug Juden immerzu auf schlimme Weise mit was auch immer er zur Hand hatte. Ich sah, wie er Häftlinge mit Gummiknüppeln, Holzstangen usw. schlug, und ich weiß, daß die Folgen dieser Schläge oft der Tod war.

Ich erinnere mich mit Gewißheit an einen Vorfall, den ich mit meinen eigenen Augen sah. Eines Sonntagmorgens im Winter 1945 mußten wir auf dem Apellplatz antreten und einer der jüdischen Häftlinge [war] zu schwach, um gerade zu stehen. Ulbricht schlug diesen Mann so schlimm mit einem Gummiknüppel, daß er zusammenbrach. Er trat dann mit Füßen auf ihm herum und befahl ihm, sich im Krankenhaus zu melden, welches ca. 50 Meter entfernt lag. Der Jude konnte nicht gehen und auf dem Weg zum Krankenhaus bekam er Schläge von Ulbricht. Er stürzte ungefähr 10 Mal aufgund der Schläge von Ulbricht und wurde letztendlich weggebracht zum Krematorium. Er erschien nie wieder; das heißt, daß Ulbricht ihn mit Sicherheit tötete. Ich sah diesen Vorfall mit meinen eigenen Augen. Das gesamte Lager bestand nur aus einem Haus und jeder kannte jeden und es war allgemein bekannt, daß Ulbricht diesen Mann absichtlich tötete. Abgesehen davon wurde mir dasselbe von anderen Juden erzählt, die mit diesem Häftling, der von Ulbricht getötet worden war, befreundet waren.

Bei vielen Gelegenheiten sah ich, wie Ulbricht Häftlinge schlug, es war allgemein bekannt, daß Ulbricht ein fürchterlicher Mann war. Die Worte „Kommandoangestellter" bedeuten für jedermann Angst und Schrecken. Abgesehen davon kursierten Gerüchte, daß Ulbricht ein Spitzel der SS wäre. Im Lager war es ziemlich bekannt, daß Ulbricht für die SS spionierte und in vielen Fällen hatten es Häftlinge seinen Berichten zu verdanken, daß sie schlimm zusammengeschlagen wurden. Ulbricht war im Lager ein „hohes Tier" und hatte (eine) große Macht. Er war sehr gut gekleidet und es erschien mir gar nicht so, als ob er überhaupt ein Häftling sei. Er trug niemals Häftlingskleidung. Sein Ruf, ein schlimmer Schläger zu sein, folgte ihm auch von anderen Lagern.

Als dritte Person erkannte ich Wilhelm Hack, welcher Wachposten auf dem Transport von Rottleberode nach Miste und von Miste in Richtung Stendal war. Jeder Wachposten erschoß normalerweise Häftlinge, die zu schwach zum (Weiter-)gehen waren oder diejenigen, die zusammenbrachen oder zu fliehen versuchten. [...]

„Unternehmen Mittelbau": Die Verlagerungspläne des Junkers-Konzerns im Südharz

Jens-Christian Wagner

Ab 1943, spätestens 1944 hatten die Alliierten die Lufthoheit über dem Deutschen Reich. Nahezu jede Nacht, bald auch tagsüber dröhnten britische und amerikanische Bomberstaffeln über Deutschland und warfen ihre zerstörerische Fracht über den Zentren der deutschen Rüstungsindustrie ab. Die NS-Führung versuchte dem mit zwei Maßnahmen zu begegnen: zum einen mit der Erhöhung der Produktion von Jagdflugzeigen, mit denen die alliierten Bomber bekämpft werden sollten, zum anderen mit der Verlagerung besonders wichtiger Rüstungsfertigungen in vor Luftangriffen geschützte Untertageanlagen. Im Südharz, wo ab 1943/44 eines der wichtigsten deutschen Rüstungszentren geplant war, kam beides zusammen. 1944 verwandelte sich die Region in eine gigantische Baustelle zur Untertageverlagerung von Rüstungsfabriken. Der Rüstungskomplex im Südharz blieb jedoch angesichts des nahenden Kriegsendes weitgehend eine Fiktion, wenn auch eine mörderische Fiktion, denn Tausende von KZ-Häftlingen und Zwangsarbeitern starben auf den Baustellen an den Folgen von Hunger und Erschöpfung.

Den Anfang bei der Untertageverlagerung machte im Herbst 1943 die Raketenrüstung. Nach einem britischen Luftangriff auf die Heeresanstalt Peenemünde, in der seit 1936 die ballistische Rakete A4, später bekannt geworden unter der Propagandabezeichnung V2, entwickelt worden war, hatten Rüstungsminister Albert Speer und SS-Chef Heinrich Himmler entschieden, die Raketenmontage in eine vor Luftangriffen geschützte Stollenanlage unter dem Kohnstein bei

Nordhausen am Harz zu verlagern. Diese war seit 1936 als Öllager ausgebaut worden und sollte nun in eine unterirdische Raketenfabrik umgebaut werden. Für die dazu notwendigen Bauarbeiten, aber auch für den späteren Betrieb der Fabrik brachte die SS Häftlinge aus dem KZ Buchenwald nach Nordhausen, in das neuerrichtete Lager „Dora". Ein Lager im eigentlichen Sinn des Wortes gab es aber noch gar nicht, und deshalb brachte die SS die Häftlinge dort unter, wo sie arbeiten mussten: in der Stollenanlage. Ende 1943 befanden sich rund 10.000 Häftlinge in dem unterirdischen KZ. Unter ständigem Antreiben durch zivile Vorarbeiter und die SS bauten sie das Öldepot innerhalb weniger Monate zur Raketenfabrik um. Im Frühjahr 1944 verließen die ersten V2-Raketen die als „Mittelwerk" bezeichnete Stollenanlage – für einen entsetzlichen Preis: Mehr als 5000 Häftlinge überlebten im Herbst und Winter 1943/44 die „Hölle von Dora" nicht, wie das unterirdische KZ von den Gefangenen genannt wurde.

Nach dem Anlaufen der Raketenmontage besserten sich die Bedingungen in Dora etwas; die überlebenden Häftlinge zogen nun in neu errichtete Baracken außerhalb der Stollenanlage um – oder sie wurden in andere KZ-Außenlager gebracht, die von der SS im Frühjahr 1944 in der Umgebung von Nordhausen eingerichtet wurden.

Die Einrichtung dieser neuen KZ-Außenlager stand im Zusammenhang mit dem Vorhaben, nach dem – aus Sicht der Täter – erfolgreichen Umzug der Peenemünder Raketenmontage in die Stollenanlage des Mittelwerkes nun auch Flugzeugfabriken in Untertageanlagen im Südharz zu verlagern. Bereits Anfang September 1943, das Lager Dora war gerade erst gegründet worden, hatte der stellvertretende Luftwaffen-Chef Erhard Milch gefordert, Höhlen für die Untertageverlagerung zu erkunden, wobei er keinen Zweifel daran ließ, welche Arbeitskräfte er einzusetzen gedachte: „Man kann auch ein ganzes Konzentrationslager hineinlegen."[1] Offenbar hatte sich der Bau des Mittelwerkes bereits bis in das Reichsluftfahrtministerium (RLM) herumgesprochen, wie überhaupt das Mittelwerk im RLM und im Rüstungsministerium im Herbst 1943, als die Verlagerungsplanungen forciert wurden, als Referenzobjekt fungierte: Delegationen aus den Ministerien und der Industrie gaben sich im Mittelwerk die Klinke in die

Hand, um sich vor Ort über die Möglichkeiten der Untertageproduktion zu informieren.

Rüstungsminister Albert Speer verhielt sich zunächst jedoch abwartend. Erst nachdem er sich selbst Anfang Dezember 1943 in Nordhausen vom raschen Ausbau des Mittelwerkes überzeugt hatte, entschied er, auch für die Luftrüstung die erforderlichen Mittel für die Untertageverlagerung bereitzustellen. Den bereits eingeschlagenen Weg der Kooperation mit der Bauorganisation der SS unter Brigadeführer Hans Kammler plante er dabei fortzusetzen. Am 21. Dezember 1943 schrieb der Chef des Amtes Bau im Rüstungsministerium, Carl Stobbe-Dethleffsen, in Speers Auftrag an Kammler:

> *„Herr Reichsminister Speer hat entschieden, daß das Anhydrit-Massiv bei Niedersachswerfen für die Schaffung eines weiteren bombensicheren Ausweichbetriebes ausgenutzt wird, und zwar soll zugunsten der Firma Junkers künftig eine Untertageanlage von zunächst 80 000 qm geschaffen werden, die eine Erweiterungs-möglichkeit auf die 3-fache Fläche bieten soll. Der Hauptausschuß Bau hat zusammen mit der Firma Junkers einen Vorentwurf aufgestellt, er schätzt die Bauzeit für den Ausbruch auf 1 Jahr. Herr Reichsminister Speer hat bestimmt, daß hierfür unter dem Amt Bau eine besonders schlagkräftige Bauleitung aufgestellt werden soll, um möglichst viel an Firmenkapazität und Arbeits-kräften aus Ihrer jetzigen Wifo-Baustelle [dem im Bau befindlichen Mittelwerk] dorthin zu überführen. Ich bitte Sie, die Einzelheiten mit meiner zuständigen Amtsgruppe ‚Sonderkriegsaufgaben‘, Herrn Ministerialdirektor Schönleben, zu besprechen, der die Voraussetzungen zur Bauinangriffnahme mit dem General-luftzeugmeister [Milch] zu klären hat."* [2]

Die Beauftragung Kammlers mit der Leitung weiterer Bauvorhaben in Niedersachswerfen war entscheidend für die Genese des späteren KZ-Komplexes Mittelbau-Dora: In der Verlegung von Arbeitskräften aus Kammlers Wifo-Baustelle (also dem Mittelwerk) zum benachbarten Bauprojekt der Firma Junkers deutete sich bereits die Verschubpraxis an, welche die Wechselbeziehungen zwischen den späteren Mittelbau-Lagern prägte. Als Speer Kammler mit der baulichen und organisatorischen Leitung des neuen Verlagerungsvorhabens beauftragte, waren im Kohnstein die Ausbauarbeiten für das Mittelwerk zwar noch nicht abgeschlossen, die Aufnahme der Raketenmontage stand jedoch unmittelbar bevor. Die völlig erschöpften Häftlinge, die für die schweren Bauarbeiten im Mittelwerk herangezogen worden waren, schienen für die Arbeit an den Montagebändern nicht mehr brauchbar zu sein. Ihre Verlegung auf die benachbarte Junkers-Baustelle bot daher die Gelegenheit, ihre Arbeitskraft auch weiterhin auszubeuten, während für das Mittelwerk in allen deutschen Konzentrationslagern neue Häftlinge gemustert wurden, die körperlich noch relativ leistungsfähig waren und beruflich qualifiziert schienen.

Im Dezember 1943 war der spätere Umfang dieser Entwicklung noch nicht absehbar, und es dauerte noch Monate, bis die Bauarbeiten an den neuen Untertageverlagerungsprojekten richtig in Gang kamen. Dennoch kann das Schreiben von Stobbe-Dethleffsen als Schlüsseldokument für die Geschichte des KZ Mittelbau-Dora, ja sogar für das gesamte Verlagerungsprogramm des letzten Kriegsjahres bezeichnet werden. Nicht nur die Praxis, für die Zwangsarbeit in der Rüstungsproduktion nicht geeignete Häftlinge auf Untertage-Baustellen abzuschieben und die damit verbundenen hohen Todeszahlen waren damit vorgezeichnet, sondern auch die organisatorische Struktur der Verlagerungsvorhaben, mit deren Leitung Kammler gemeinsam vom Rüstungsministerium und dem RLM beauftragt wurde. Kammler sollte nicht nur die dafür benötigten KZ-Häftlinge zur Verfügung stellen, sondern durch seine Bauleitungen auch die logistischen und organisatorischen Arbeiten vor Ort übernehmen.

Formell wurde diese Art der Zusammenarbeit von Rüstungsministerium, RLM, Industrie und SS Anfang März 1944 mit der Gründung des „Jägerstabs" besiegelt, eines mit weitreichenden Vollmachten ausgestatteten interministeriellen Krisenstabes, der im August 1944 im inhaltlich erweiterten „Rüstungsstab" aufging.[3] Vordringliche Aufgabe des von Speers Stellvertreter Karl-Otto Saur geleiteten Jägerstabes war die Produktionssteigerung der zur

Bekämpfung der alliierten Luftüberlegenheit dringend benötigten Jagdflugzeuge, was unter anderem durch die Dezentralisierung und Untertageverlagerung der Flugzeugindustrie geschehen sollte. Als Verantwortlichen für die Untertageverlagerung (im NS-Jargon hieß es „Sonderbauaufträge") setzten Speer und Göring Hans Kammler ein, der nun daran ging, nach dem Vorbild des Mittelwerkes von KZ-Häftlingen neue Untertageanlagen für die Produktion von Jagdflugzeugen ausschachten oder vorhandene natürliche Höhlen zu Untertagefabriken ausbauen zu lassen. Als Leitungsinstanzen schuf er dafür vier, später fünf „SS-Sonderinspektionen", unter denen regional gegliedert einzelne Bauvorhaben unter der Leitung von „SS-Führungsstäben" zusammengefasst wurden, die als A- und B-Maßnahmen durchnummeriert waren. Als A-Maßnahmen galten Verlagerungsprojekte in bereits bestehende Untertageanlagen (natürliche Höhlen, Tunnel oder Bergwerke), während die B-Maßnahmen die Schaffung neuer Stollenanlagen vorsahen und daher wesentlich arbeitsaufwendiger waren.

Ein Schwerpunkt der Verlagerungsvorhaben lag im Südharz, rund um Nordhausen, wo noch im März 1944 unter Leitung der SS-Sonderinspektion II nicht nur die kostspieligsten, sondern auch aufgrund ihres Umfangs personalaufwendigsten Untertageprojekte in Angriff genommen wurden, darunter die Projekte B 3 im Himmelsberg bei Woffleben sowie B 11 und B 12 im Kohnstein bei Niedersachswerfen, die für die Untertageverlagerung von Junkers-Werken vorgesehen waren. Hinzu kam ein Junkers-Untertagevorhaben in der Heimkehle bei Rottleberode. Es erhielt die Tarnbezeichnung A 5 und war gegenüber den B-Projekten im Kohnstein und im Himmelsberg wesentlich kleiner ausgelegt, wenngleich es im Sommer 1944 noch durch das Stollenbauprojekt B 4 ergänzt wurde, dass die Schaffung einer unterirdischen Fabrik für Junkers bei Stempeda vorsah, einer kleinen, rund vier Kilometer nordwestlich von Rottleberode gelegenen Ortschaft.

SS-Bauprojekte mit Zweckbestimmung im Südharz:[4]

A 5 - Höhle Heimkehle Rottleberode (Junkers)
B 3 - Stollen Himmelsberg (Junkers)
B 4 - Stollen Stempeda (Junkers)
B 11 - Stollen Kohnstein (Junkers & Raffinerie)
B 12 - Stollen Niedersachswerfen (Junkers)
B 13 - Infrastruktur Raum Nordhausen (Helmetalbahn)
B 14 - *vermutlich nicht vergeben*
B 15 - Infrastruktur Raum Nordhausen
B 16 - *vermutlich nicht vergeben*
B 17 - Stollen Ellrich-Kammerforst
B 18 - Infrastruktur Raum Nordhausen (?)

Zu den Junkers-Verlagerungsvorhaben bei Nordhausen gehörte auch das „Nordwerk" bei Niedersachswerfen. Bereits am 6. März 1944, also noch nicht einmal eine Woche nach der Gründung des Jägerstabes, teilte Generalluftzeugmeister Milch im Jägerstab mit, dass die Hälfte des gerade erst nahezu fertiggestellten Mittelwerkes nunmehr für die Fertigung des Strahljägers Me 262 vorgesehen sei.[5]

Am 17. März ergänzte Jägerstab-Chef Karl Otto Saur diesen Plan mit dem Vorschlag, das Mittelwerk mit dem Verlagerungsvorhaben Anhydrit zusammenzulegen und als „Unternehmen Mittelbau" der Firma Junkers für die Produktion des Düsenflugzeuges Me 262 zuzusprechen.[6] Einen großen Vorteil sah Saur in der gesicherten Energieversorgung, der Infrastruktur des Mittelwerkes und nicht zuletzt in der vorhandenen Belegschaft: „Wir könnten ferner die Transportanlagen und alles, was drum und dran ist, die Bauwerkseinrichtungen, die fabelhafte Bauführungszusammensetzung, die dort ist, noch auffüllen und eine Sache aufziehen, die Freude macht."[7]

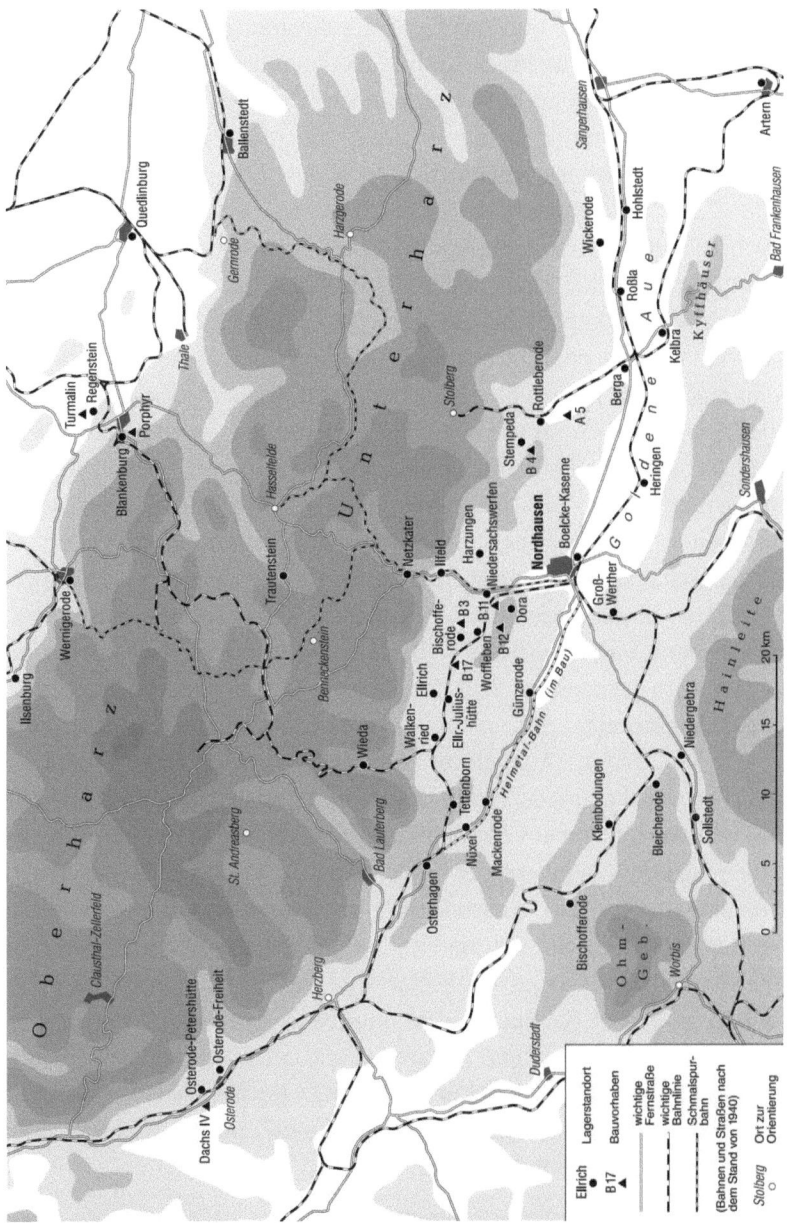

Abb. 1.1: Lagerstandorte und Bauvorhaben im Bereich des KZ Mittelbau-Dora, 1944/45. Grafik: Jens Borleis

Tatsächlich wurde die Stollenanlage im Kohnstein getrennt: Die südliche Hälfte blieb beim Mittelwerk GmbH; hier montierten KZ-Häftlinge V2-Raketen und später auch V1-Flugbomben. Die nördliche Hälfte wurde unter der Bezeichnung „Nordwerk AG" von Junkers für die Fertigung von Me 262-Triebwerken genutzt.

Mit Ausnahme des Nordwerkes, in dem neben deutschen Beschäftigten vor allem ausländische zivile Zwangsarbeiter eingesetzt waren, mussten bei allen anderen Junkers-Verlagerungsprojekten im Südharz KZ-Häftlinge Zwangsarbeit leisten. Unter der Leitung der SS-Baustäbe wurden sie nicht nur beim unterirdischen Stollenvortrieb bzw. beim Ausbau der Heimkehle-Höhle eingesetzt, sondern mussten auch auf Übertage-Baustellen für die benötigte Infrastruktur arbeiten, etwa beim Bau von Straßen, Bahnanschlüssen, Wasserleitungen, Stromleitungen und Unterkünften für die benötigten Arbeitskräfte. Die deutschen Vorarbeiter und Meister wurden in Privatquartieren oder in „Gemeinschaftslagern" untergebracht, die KZ-Häftlinge in der Nähe der Baustellen in mit elektrisch geladenem Draht abgesicherten KZ-Außenlagern. Dafür wurden teils Barackenlager errichtet, teils nutzte die SS aber auch vorhandene Baulichkeiten wie Scheunen oder Fabrikhallen als KZ-Unterkünfte.

Die ersten Außenlager entstanden im Frühjahr 1944 in Rottleberode, Harzungen, Bischofferode und Ellrich, alles Ortschaften im Umkreis von 15 km um Nordhausen. Im Herbst und Winter 1944/45 kamen weitere KZ-Außenlager hinzu, deren Insassen wie in den bereits genannten Lagern fast ausschließlich auf Baustellen arbeiten mussten. Die Region entwickelte sich damit zu einer dichten KZ-Landschaft, die von Inseln zivilen Lebens durchsetzt war. Zunächst waren die Lager im Südharz noch dem KZ Buchenwald unterstellt; Ende Oktober 1944 löste die SS sie aber mit einer Gesamtbelegschaft von mehr als 32.000 Häftlingen aus der Verwaltung des KZ Buchenwald heraus und verselbständigte sie zum KZ Mittelbau, dessen Zentrum das Lager Dora am Kohnstein bei Nordhausen war.[8]

```
                                                    7503
   W a f f e n - ?                 O.U., d  1.November 1944   13
Konzentrationslager Mittelbau

          Anbei überreicht das KL.Mittelbau eine Gesamt-Aufstellung
          des Lagers mit den dazugehörigen Nebenlägern und Aussen-
          kommandos.
          Die Verteilung der Häftlinge ist (Morgenappell am 28.10.1944)
          zahlenmäßig wie folgt:

     A.) Schutzhäftlinge:
         KL.Mittelbau - Dora - ...........................  13 441
         AL.Mittelbau II - Erich - .....................     7 870
         AL.Mittelbau III - Hans - .....................     4 009
         Aussenkommando Rosela .........................       112
         Aussenkommando Klein Bodungen .................       512
                                                            ========
                                                             25 944

     Neu aufgenommene Aussenkommandos:
         1.Baubrigade Neusollstedt .....................       437
         3.Baubrigade Wieda ............................     1 133
         4.Baubrigade Erich ............................     1 295
         5.Eisenbahnbaubrigade Osnabrück ...............       470
         6.Eisenbahnbaubrigade .........................       439
         7.Eisenbahnbaubrigade .........................       498
         H-Kommando Rottleberode .......................       819
         H-Kommando Klosterwerk ........................       499
         H-Kommando Osterode Harz ......................       286
         Flüchtlinge v. 6.Eisenbahnbaubrigade ..........         7
                                                            ========
                                                             31 875

     B.) Italienische Kriegsgefangene:
         KL.Mittelbau - Dora - .................  275
         AL.Mittelbau II Erich .................  132
         Aussenkommando Quedlinburg ............   58
         Aussenkommando Trautenstein ...........   20
         Aussenkommando Bleicherode ............   15         500
         C) Polizeihäftlinge ...................   24
         D.) Wifo-Häftlinge ....................   76         100
                                                            ========
                        Gesamtstärke ................... 32 475
```

Abb. 1.2: Übersicht der Belegungszahlen der Lager des KZ Mittelbau am 28. Oktober 1944, 1. November 1944. Im Lager Rottleberode waren zu diesem Zeitpunkt 819 Gefangene inhaftiert. NARA

Das Lager Rottleberode war das erste KZ-Außenlager des späteren KZ-Komplexes Mittelbau-Dora. Am 13. März 1944 begannen 200 Häftlinge aus dem KZ Buchenwald mit dem Ausbau der Heimkehle-Höhle, die bis dahin ein beliebtes Ausflugsziel gewesen war. Zur Unterbringung der KZ-Insassen, deren Zahl sich bis zu Jahresende auf 1000 erhöhte, richtete die SS am Ortsrand von Rottleberode ein KZ-Außenlager mit dem Decknamen „Heinrich" ein.[9] Überwiegend handelte es sich um als politisch kategorisierte Häftlinge vor allem aus Polen, der Sowjetunion und Frankreich. Anfang 1945 kamen jüdische Häftlinge aus einem Zwangsarbeitslager in Tschenstochau im besetzten Polen hinzu, die besonders unter Misshandlungen durch die SS zu leiden hatten. Viele von ihnen kamen in Rottleberode und Stempeda ums Leben.

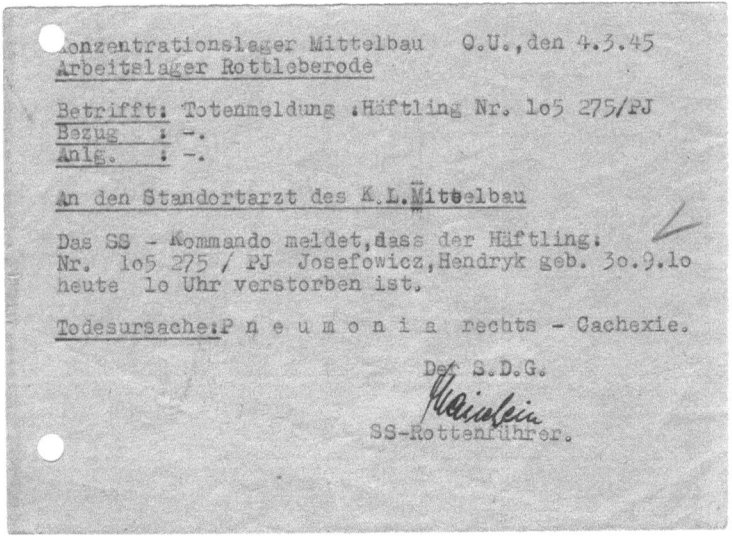

Abb. 1.3: Meldung des Außenlagers Rottleberode über den Tod des Häftlings Hendryk Josefowicz, 4. März 1945. Hendryk Josefowicz war Mitte Januar 1945 als polnischer Jude aus einem Zwangsarbeitslager in Tschenstochau nach Buchenwald und von dort wenig später nach Rottleberode deportiert worden. Als Todesursache gibt der SS-Sanitätsdienstgrad (S.D.G.) Johannes Maischein Lungenentzündung und Kachexie (tödliche Abmagerung) an. Im amerikanischen Militärprozess in Dachau gegen Täter aus dem KZ Mittelbau-Dora wurde Johannes Maischein 1947 zu fünf Jahren Haft verurteilt. NARA

Abb. 1.4: KZ-Häftlinge bei Bauarbeiten vor dem Eingang zur Heimkehle, 12. Juni 1944. KZ-Gedenkstätte Mittelbau-Dora

Untergebracht waren die Häftlinge in einem vom Junkers-Konzern angemieteten dreistöckigen Gebäude der Porzellanfabrik Max Schuck, das mit Wachtürmen und einem elektrisch geladenen Zaun umgeben worden war. Ein etwa 50 Meter langer Hof zwischen dem Gebäude und dem Elektrozaun diente als Appellplatz. Im Erdgeschoss des Fabrikgebäudes befanden sich die Küche sowie Wasch- und Abstellräume. Die Schlaf- und Aufenthaltsräume für die Häftlinge lagen in den beiden Stockwerken darüber. Mit einem Anmarschweg von etwa drei Kilometern war das Lager relativ weit von den Produktionsstätten in der Heimkehle-Höhle entfernt. Offenbar zogen es die Firma Junkers und die SS in diesem Fall vor, die Häftlinge in einem recht großen massiven Steingebäude unterzubringen, als erst noch ein Barackenlager in der Nähe der Heimkehle-Höhle errichten zu lassen.

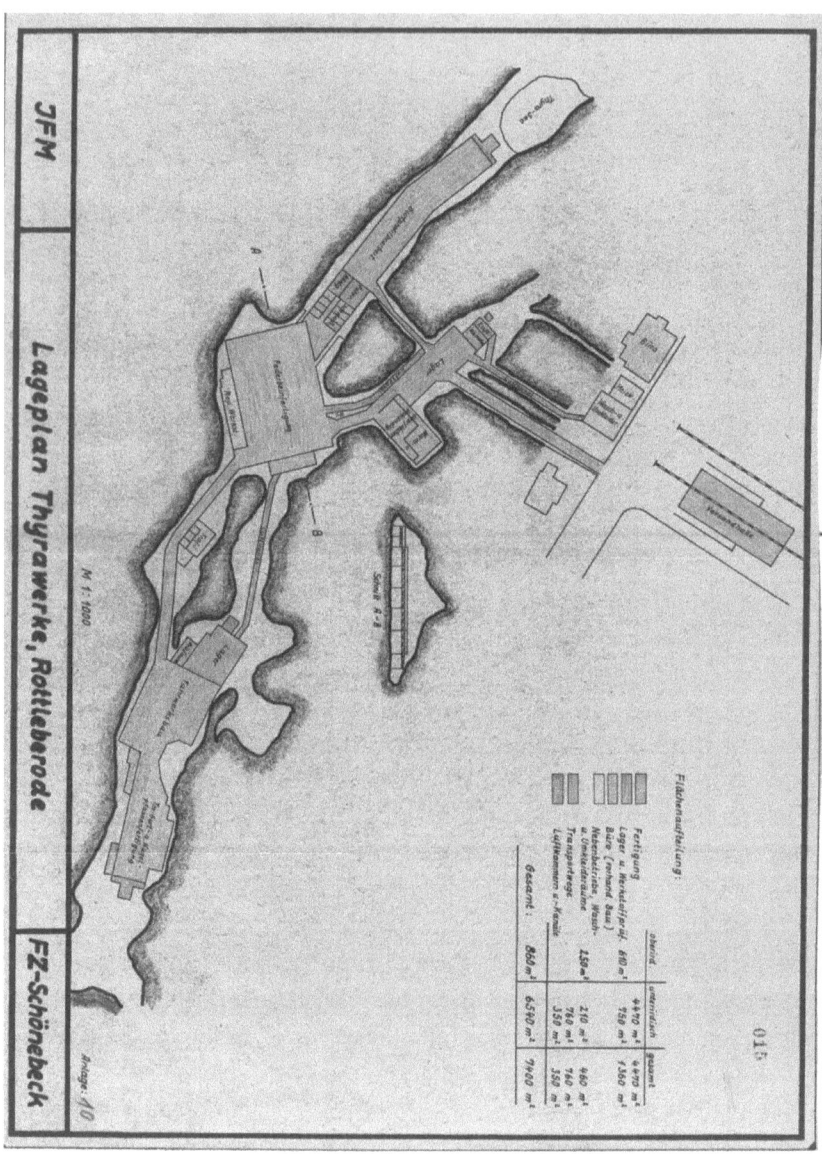

Abb. 1.5: Lageplan des Thyrawerkes in der Heimkehle-Höhle, 1944/45. Landesarchiv Sachsen-Anhalt, Dessau

Da es sich bei dem Bauvorhaben A 5 mit einer unterirdischen Fertigungsfläche von 6.540 qm um ein vergleichsweise kleines Bauprojekt handelte und bis auf die Entlüftungs- und Zugangsstollen die unterirdischen Räume im Wesentlichen bereits vorhanden waren, konnte das „Thyra-Werk", wie der aus Schönebeck verlagerte Junkers-Untertagebetrieb zur Tarnung genannt wurde, schon bald seinen Betrieb aufnehmen. Seit Ende Juli 1944 ließ Junkers in der Höhle von KZ-Häftlingen und Zivilarbeitern Federkerne herstellen und Einzelteile der Flugzeugtypen Ju 88 und Ju 188 zusammensetzen.[10] Hierfür wurden vorzugsweise entweder die Häftlinge herangezogen, die bereits vor der Verlagerung des Werkes in Schönebeck gearbeitet hatten und mit den Maschinen, an denen sie eingearbeitet worden waren, nach Rottleberode verlegt wurden, oder aber andere Häftlinge, die die Firma Junkers in Buchenwald mustern bzw. aus dem Junkers-Zweigwerk in Mühlhausen nach Rottleberode überstellen ließ. Die ausgezehrten Häftlinge, die die Produktionsanlagen des Thyra-Werkes in der Heimkehle eingebaut hatten, setzte die SS dagegen beim Bauprojekt B 4 in Stempeda ein. Hier begannen im August 1944 die Stollenvortriebsarbeiten für einen weiteren Junkers-Verlagerungsbetrieb. Im Gegensatz zur Anlage A 5 konnte diese Anlage bis zum Kriegsende aber nicht einmal ansatzweise fertiggestellt werden.

Überhaupt konnte trotz des massiven Einsatzes von KZ-Häftlingen und zivilen Zwangsarbeitern kaum eines der Bauvorhaben des „Unternehmens Mittelbau" fertiggestellt werden. Es handelte sich um größenwahnsinnige Planungen, die völlig losgelöst waren von jeglicher Realisierungschance. Ein Zahlenvergleich mag das verdeutlichen: Für das Ausschachten der rund 110.000 qm Fertigungsfläche des Mittelwerkes hatte man zwischen 1936 und 1944 acht Jahre benötigt. Allein die in Nachbarschaft bzw. unmittelbarer Nähe des Mittelwerkes gelegenen Bauvorhaben B 3, B 11 und B 12 sollten nach den Planungen vom Frühjahr 1944 eine Gesamtfläche von 650.000 qm haben, also die Fläche der existierenden Untertageanlage im Kohnstein um das Sechsfache übertreffen. Die Stollen sollten aber nicht in acht Jahren, sondern in 15 Monaten ausgeschachtet werden – nicht nur wegen des nahenden Kriegsendes eine von Beginn an utopische Planung, die deutlich macht, wie weitreichend der Realitätsverlust nicht nur in der NS-Führung und der SS, sondern auch unter Rüstungs- und Baufachleuten war. Gewissermaßen floh man vor der Realität des verlorenen Krieges in die Fiktion der Untertageverlagerung. Real war an den Projekten nur der Tod, denn Zehntausende von KZ-Häftlingen und anderen Zwangsarbeitern starben auf den Baustellen für sinnlose Rüstungsprojekte. Das Hauptprodukt des „Unternehmens Mittelbau" war damit der Tod.

Anmerkungen

[1] GL-Besprechungsprotokoll, 7.9.1943, Bundesarchiv-Militärarchiv Freiburg (BA-MA), RL 3/25, Bl. 467.

[2] Schreiben Stobbe-Dethleffsen an Kammler, 21.12.1943, Bundesarchiv (BA) Berlin, R 4603/68, Bl. 220.

[3] Vgl. auch im Folgenden WAGNER 2015, S. 86-103.

[4] Vgl. ebd., S. 600.

[5] Vgl. Jägerstabsprotokoll vom 6.3.1944, BA/MA, RL 3/1, Bl. 398.

[6] Vgl. Jägerstabsprotokoll vom 17.3.1944, BA Berlin, R 3/1668, Bl. 1 ff.

[7] Ebd., Bl. 13. Zur Geschichte des Nordwerkes vgl. WAGNER 2015, S. 207-210.

[8] Vgl. WAGNER 2015, S. 237.

[9] Vgl. KZ Buchenwald, Aufstellung der Transporte in Außenlager, Hauptstaatsarchiv Weimar, NS 4 Bu/136a u. NS 4 Bu/136b, sowie Arbeitseinsatzmeldungen KZ Buchenwald, März bis Juli 1944, HStA Weimar, NS 4 Bu/230. Zur Geschichte des Lagers Heinrich vgl. WAGNER 2008.

[10] Vgl. Verlagerungsübersicht Junkers-Flugzeugwerke Schönebeck, 15.3.1945, Landesarchiv Oranienbaum, Junkers-Werke 1375, Bl. 10 u. 15.

Quelle 2: Rottleberode in der Kriegszeit

Auszug aus der Chronik von Rottleberode, verfasst von Franz Krelle, abgeschrieben von A. Schmidt. Der Abschnitt über Rottleberode im Zweiten Weltkrieg entstand im Jahr 1960. Die Chronik befindet sich in Privatbesitz.

Rottleberode – Kriegsjahre 1939–1945

Der Krieg hat sich in unserer Gemeinde Rottleberode auf allen Gebieten sehr spürbar gemacht. Im Thyratal war schon vor dem Kriege eine große Fabrik entstanden, welche Panzergranaten herstellte. Da diese Munitionsfabrik im Kriege erweitert wurde, entstand im Jahr 1942 am "Waldschlößchen", vor dem Eingang zum Thyratal ein großes Barackenlager. Aus Rußland wurden etwa 1.000 Zivilisten evakuiert und in diesem Lager untergebracht. Diese 1.000 Russen, Ostarbeiter genannt, arbeiteten in der Munitionsfabrik R. Stock & Co. im Thyratal.

Etwa zur gleichen Zeit, im Jahre 1943, wurde in der als Naturwunder bekannten Gipshöhle „Heimkehle" vor den „Junkers" Flugzeugwerken in Dessau eine Fabrik eingerichtet, in welcher Flugzeugteile angefertigt wurden. Da der Betrieb durch Luftangriffe des Feindes gefährdet war, wählte man dieses sichere Versteck. Es war eine riesige Arbeit, die Höhle, welche sonst als Sehenswürdigkeit von Tausenden von Personen besucht wurde, als Fabrik umzubauen. Zu diesen Bauarbeiten wurden etwa 1.000 KZ–Häftlinge eingesetzt. (HZ–Häftlinge = Politische Gefangene, Deutsche, Juden, Ausländer). Das Lager für diese Häftlinge befand sich in dem Fabrikgebäude der jetzigen Firma Max Schuck. Im

Volksmunde wurde diese Fabrik „Porzeline" genannt, weil vor Schuck in dieser Fabrik kurze Zeit Porzellan hergestellt wurde.

In Niedersachswerfen, am „Kohnstein", wurden in riesige Stollenanlagen die „V 1" und „V 2"-Waffen (Raketengeschosse) hergestellt. Zur Ergänzung dieser Fabrikanlagen sollte am „Alten Stolberg" bei Stempeda eine Zweigfabrik entstehen. Ein Teil der im Rottleberöder Lager untergebrachten KZ-Häftlinge arbeitete auf dieser Baustelle. Es wurden zunächst zwei große Stollen getrieben. Mitten im Walde, in der Nähe der „Schiffswiese" wurde ein über der Erde stehendes Fabrikgebäude gebaut. So sah man täglich in Rottleberode Kolonnen von marschierenden KZ-Häftlingen welche vor den Wachmannschaften der SS (SS-Spezialeinheit der Wehrmacht) an die Arbeitsplätze und zurück-getrieben wurde.

In Jahre 1944 wurde der Luftkrieg immer stärker. Bei Tag und Nacht flogen amerikanische Bomberverbände auch über unser Dorf. Fliegeralarm und Verdunklungskontrollen wurden ständig durchgeführt. Die Verdunklung war schon bei Kriegsausbruch angeordnet, d. h. während der Nacht durfte kein Lichtschein nach außen dringen, damit sich die feindlichen Flugzeuge nicht danach orientieren konnten.

Das Jahr 1945 war angebrochen. Die Sowjet-Armee näherte sich vom Osten den deutschen Städten. Im Westen standen amerikanische Truppenverbände bereits an den Ufern des Rheines. So kam es, daß Flüchtlinge aus Ost und West, zunächst einzelne Personen, welche in Rottleberode Verwandte hatten, hier Zuflucht suchten. Die Stadt Breslau begann man zu räumen, und es ergab sich, daß am 7. Februar 1945 die Insassen eines Altersheimes aus Breslau nach Rottleberode in Dr. Arndts Kinderheim unter-gebracht wurden. Es waren 120 alte und gebrechliche Leute, welche eine lange und beschwerliche Reise hinter sich hatten. Viele dieser Personen waren erkrankt. Das „Rote Kreuz" von Rottleberode wurde zur Betreuung eingesetzt.

Die Fliegertätigkeit wurde immer stärker, amerikanische Flugzeuge beschossen schon Personenzüge auf unseren nächstgelegenen Eisenbahnstrecken. An einem Tage im März 1945 wurde ein Personenzug in der Nähe des Bahnhofes Heringen (Helme) von amerikanischen Fliegern beschossen. In diesem Zuge befanden sich auch mehrere Personen aus Rottleberode. Ein Soldat aus Wien, welcher mit einem Kommando in Rottleberode in Quartier lag, wurde dabei tödlich getroffen. [...]

Wir erleben Ostern 1945 bei herrlichem Wetter und klarem Sonnenschein. Jedoch jeder Einwohner von Rottleberode mag bangen Herzens die riesigen Bombengeschwader der Amerikaner beobachtet haben, welche ununterbrochen über unser Dorf flogen. Es fuhren auch ständig kleinere und größere Kolonnen Militär und Waffen-SS durch unser Dorf in den Harz hinein.

3. Ostertag = 4. April 1945. Nach den Feiertagen war alles wieder fleißig bei der Arbeit. Plötzlich an Nachmittag gegen 16 Uhr brauste das Ungewitter heran. In mehreren Wellen griffen amerikanische Bomber unser Dörfchen an. Die meisten Menschen suchten Zuflucht in ihren Kellern. Ein Trommelfeuer von Bomben sauste herab. Im Keller hatte man das Gefühl, als läge das ganze Dorf in Schutt und Asche. Der Angriff war vorüber. An der Kurve zum Schloßgarten war durch zwei kleinere Bombentrichter die Straße aufgerissen. Im Schloßgarten selbst hatte das Wirtschaftsgebäude mehrere Volltreffer erhalten und war zu einem Schutthaufen zusammengestürzt. Das Gärtnerehepaar Fregin und zwei Söhne im Alter von 11 und 6 Jahren lagen tot unter den Trümmern. Eine ältere Tochter, welche sich in einem Zimmer im ersten Stockwerk befand, lag leicht verletzt an Kopf und Beinen unter wenig Trümmern bedeckt und konnte gerettet werden. Das Schloß selbst, welches als Erholungsheim für Soldaten eines Erfurter Panzerregimentes diente, war nicht direkt getroffen. Nur dicht vor, dahinter und daneben waren Bomben gefallen. Das Gebäude war dadurch schwer beschädigt. Das daneben liegende Gewächshaus wurde völlig zerstört. Ein Teil des Schlosses diente auch als Kindergarten, doch zum Glück blieben die zur Zeit darin befindlichen Kinder unversehrt. Am Bahnhof hatten drei Bomben den nördlichen Teil von Dr. Arndts Kinderheim getroffen. Dieses

Haus war dadurch schwer beschädigt. Daneben war eine Bombe auf die Straße gefallen und hatte Schimmeyers Haus beschädigt. In der Kastanienallee Nordausgang Rottleberode waren mehrere Bomben gefallen und hatten die Häuser von Friedrich Daub und Friedrich Naumann zum Teil schwer beschädigt. Weitere Bomben waren gefallen: in der Lindenallee hinter dem Schloß, im Ried hinter dem Eberland und vor allem im „Alten Stolberg" hinter der Grasburg fielen Hunderte von Bomben. Eine Stelle, wo die meisten Bomben fielen, hat heute im Volksmund den Namen „Bombenfleck" erhalten. Es ist anzunehmen, daß die feindlichen Flieger ihr Ziel, Nordhausen, verfehlten und dabei den größten Teil der todbringenden Last in der Alten Stolberg und auf freies Feld geworfen haben. Dabei wurde nun unser Ort in Mitleidenschaft gezogen.

5. April 1945 – Fahrende und marschierende Kolonnen Militär durch Rottleberode in den Harz hinein werden immer mehr. Am Himmel sieht man ständig amerikanische Aufklärungsflieger. Gegen 9 Uhr vormittags geht in unserem Ort das Gerücht herum: Wahrscheinlich ist heute mit einem neuen Fliegerangriff auf Nordhausen zu rechnen, denn der Kreisleiter der NSDAP von Nordhausen wollte die Stadt nicht übergeben, sondern hatte sie zur Festung erklärt. Der Bürgermeister ließ ansagen, jeder Anwohner möge Schutz vor einem neuen Fliegerangriff suchen. In Aufregung gekommen, zogen nun viele Einwohner mit Handwagen, Pferdewagen und Kuhgespannen, mit Decken und Proviant beladen aus dem Dorf hinaus. Ein Teil davon zog in die Tannen des „Immischen Berges", wo die Männer aus abgehackten Tannen Zelte bauten. Diese wurden mit einem Dach aus Tannenreisig versehen. Andere gingen wieder in die Stollen von Stempeda, um dort Schutz zu suchen. Diejenigen, die zu Hause blieben, hatten im Garten oder sonst in der Nähe Schutzgräben gebaut wo sie Zuflucht suchen wollten. Währenddessen kamen große Bombengeschwader; der Großangriff auf Nordhausen war im Gange. Vom Walde her sahen wir Funken und Rauchschwaden über dem „Alten Stolberg" von der in Flammen aufgehenden Stadt.

Fliegende Papierfetzen wurden bis in unser Dorf und Umgebung getrieben. Bis spät in die Nacht hinein sahen wir das rauchende und brennende Nordhausen. Zunächst blieben alle bis zum Morgen des 6. April 1945 in ihren Zufluchtstätten. Schlafen konnten die wenigsten. Einige Männer patrouillierten ständig bis zum Dorfrand. Ein ununterbrochenes Fahren von deutschen Militäreinheiten durch Rottleberode in den Harz hinein konnte man beobachten. Beim Morgengrauen hörte das Fahren jedoch auf. Ein jeder hatte das Gefühl, die letzten deutschen Soldaten seien durch, es wird nun bald der Amerikaner folgen. So gingen oder fuhren die meisten Rottleberöder Einwohner in ihre Wohnungen zurück.

An diesem Tage wurden auch die im Rottleberöder Lager untergebrachten KZ-Häftlinge, von den Wachmannschaften begleitet, in Richtung Stolberg – Breitenstein abgeführt.

Es wurde nun, man möchte sagen, unheimlich still in Dorf. Die meisten Leute nützten diese Zeit, um Lebensmittel, Wertsachen, Wäsche usw. zu verstecken. Bücher, Zeitungen und Hakenkreuzfahnen wurden verbrannt. So ernst es auch alles war, so mußte ich doch herzlich lachen, als mir ein guter Freund sein sicheres Versteck für seine Speckseite mitteilte. Er hatte dieselbe unter die Tischplatten des Küchen- und Wohnzimmertisches genagelt. So vergingen die Tage ruhiger. Es kamen vereinzelt amerikanische Flieger, manchmal flog auch ein Bomberverband über unser Dorf. Aus Nordhausen fanden noch mehrere obdachlos gewordene Familien bei Verwandten und Bekannten vorübergehend Aufnahme.

Wir schreiben den 12. April 1945 – von Kassel kommend, hatten die Amerikaner Nordhausen besetzt, und es war damit zu rechnen, daß auch Rottleberode besetzt wurde. Beherzte Männer fuhren ständig mit dem Fahrrad in Richtung Stempeda – Buchholz Patrouille. Gegen 11 Uhr hatten die anfahrenden Panzer vom Iberg her einige Granaten nach Stempeda geschossen und dabei ein Kind tödlich getroffen, außerdem einen Mann schwer verwundet. Darauf fuhren die Panzer in Stempeda ein. Um Rottleberode vor unnötigem Panzerbeschuß zu schützen, gingen der damalige Pastor Ide und der Bergmann Siebold der Panzerspitze bis an die Stempedaer Straße entgegen. [Fr. ... trug eine weiße Fahne voran.][1] Von diesen Männern wurde den Amerikanern versichert, daß Rottleberode frei von Militär sei, auch gaben sie die Versicherung ab, daß von Seiten der Zivilbevölkerung keinerlei Widerstand geleistet würde. Zu gleicher Zeit wurden vom Kirchturm und vielen anderen Häusern weiße Fahnen und Tücher gehißt. So war die bange und sogleich erlösende Stunde gekommen. Panzer auf Panzer rollte durch unser Dorf. Rechts und links von sichernder motorisierter Infanterie begleitet. Rottleberode war nun von amerikanischem Militär besetzt. Fast in jedem Haus war Einquartierung. Einige Häuser mußten von den Bewohnern gänzlich geräumt werden, um Platz für die amerikanischen Soldaten zu schaffen. Am Friedhof und in Robert Breitrücks Garten war je eine Batterie Artillerie aufgefahren.

Am Nachmittag kam dann eine Bekanntmachung des Militärkommandanten, unter anderem die Aufforderung, Waffen und Fotoapparate bis abends 18 Uhr abzugeben. Allmählich fingen die Leute wieder an zu arbeiten, besonders im Feld und Garten. Amerikanische Soldaten suchten nun auch nach evtl. versteckten deutschen Soldaten. So wurden an einem Tage 20 ehemalige Soldaten, darunter einige beinamputierte Rottleberöder, gefangen gesetzt. In der Scheune des Einwohners Hermann Mälzer, Haus Nr. 124, wurden sie zunächst untergebracht. Später wurden sie mit Autos in ein Gefangenenlager gebracht. Auf den Straßen zogen ständig Menschen, meistens Flüchtlinge aus Westdeutschland, welche nun zu Fuß zurück in ihre Heimat wanderten. Der Eisenbahnverkehr war noch nicht wieder aufgenommen. Teils kamen sie mit Handwagen, sogar mit Kinderwagen gezogen. Darunter sah man auch vielfach junge Männer (deutsche Soldaten in Zivil), die sich nach ihrem Heimatort durchschlagen wollten, um sich dadurch der Gefangenschaft zu entziehen.

---

[1] So im Manuskript vermerkt. Name unbekannt.

Am 1. Mai 1945 mußten alle Männer im Alter von 18 bis 60 Jahren auf den Hüttenplatz antreten. Militärpapiere waren mitzubringen. Jeder einzelne wurde nach seiner Dienstzeit und seinem Dienstgrad gefragt. Am Schluß des Appells wurden sechs Männer verlesen, die in der NSDAP oder SA besondere Posten bekleidet hatten. Diese durften sich dann noch Wäsche, Verpflegung usw. holen lassen und wurden dann auf Lastkraftwagen mit einigen Unterbrechungen in ein Gefangenenlager nach Kornwestheim bei Stuttgart gebracht. Dort blieben sie bis zum April 1946.

Am 1. Juli 1945 verließen die Amerikaner unser Dorf und die sowjet-russische Armee rückte in unseren Ort ein. Unendliche Kolonnen marschierten singend in unser Dorf ein. Über 3000 sowjetische Soldaten bezogen um Rottleberode herum Biwak. Die Biwaks befanden sich in der Lindenallee hinter dem Schloß, bei der Grasmühle am „Alten Stolberg", am Ziegelhüttengraben am Bahnhof und auf den Wiesen im Thyratal. Im Dorf wurden nur höhere Offiziere, darunter der Ortskommandant einquartiert. Nach einigen Tagen rückten die meisten Soldaten wieder ab. Es blieb nur die Kommandantur im Ort. Sie war lange Seit im Hause des Einwohners Wilhelm Oerter, Haus Nr. 32, untergebracht. Die Insassen des Ostarbeiterlagers im Waldschlößchen wurden dann durch russische Militärautos abtransportiert.

Im August/September 1945 setzte dann die allgemeine Umsiedlung der deutschen Bevölkerung aus dem Sudetenland, Schlesien, Ostpreußen und den anderen deutschen Ostgebieten ein. In Rottleberode traf am 1. September 1945 der erste Umsiedlertransport ein. Ein kleiner Teil davon wurde sofort nach Rodishain und Stempeda abgezweigt. Über 200 Personen wurden in der jetzigen Fabrik Fax Schuck untergebracht, wo in den meisten Räumen Doppelbetten noch vom Häftlingslager aufgestellt waren. Viele der Umsiedler waren Sudetendeutsche, besonders aus Dux, Reichenberg und Umgebung. Auch zahlreiche Schlesier und Ostpreußen waren dabei. Nach einigen Wochen wurden die Umsiedler in Rottleberode und den umliegenden Ortschaften untergebracht. Fast in jedes Haus wurden Familien und

Einzelpersonen eingewiesen. Diese Ausgewiesenen brachten zum Teil nicht einmal das notwendigste an Kleidung und Hausrat mit. Es fehlte an allem. Einige Wochen später folgte ein zweiter Transport, wovon auch ein Teil davon hier in Rottleberode für ständig Wohnung gefunden hat. Das Barackenlager am Waldschlößchen wurde nur weiter als Umsiedler-Durchschleusungslager benutzt. Es wurden bis zum August 1946 etwa 80 000 Personen aus den Ostgebieten nach Westdeutschland durchgeschleust. Durch diese massenweise Abfertigung der Umsiedler aus den ehemaligen deutschen Ostgebieten ist das Lager und auch Rottleberode in ganz Deutschland bekannt geworden. Selbst alte Bauernfamilien aus der Herzegowina waren mit im Lager am Waldschlößchen. Diese sind dann nach persönlichen Unterhaltungen direkt nach Brasilien ausgewandert. […]

Rottleberode, im Januar 1960

Von der Schauhöhle zum Konzentrationslager

Michael Zerjadtke[*]

Die Heimkehle wird erstmals im Jahr 1357 unter der Bezeichnung „Heymelnkellen" erwähnt, somit ist klar, dass die Höhle schon seit dem 14. Jahrhundert weithin bekannt war.[1] Sicherlich fand mindestens schon seit dieser Zeit ein gewisser Tourismus statt, der allerdings keinen Eingang in die Literatur gefunden hat. Eine Ausnahme ist der Besuch des Fürsten Friedrich von Anhalt und seiner Reisegesellschaft von 15 Pferden am 28. Juli 1649. Seit dem frühen 18. Jahrhundert werden die Beschreibungen der Heimkehle nach und nach häufiger. Sie wird 1717 bei Johann Arnold Zeitfuchs erwähnt und 1740 vom Dietersdorfer Pfarrer Johann Conrad Kranoldt in einer längeren Passage beschrieben.[2] Der Naturwissenschaftler Julius Bernhard von Rohr war vor 1736 selbst vor Ort, konnte die Heimkehle allerdings nicht selbst betreten. Er war zwar zu diesem Zwecke angereist und aufgrund der Erntezeit seien viele Bewohner des Dorfes auf den Feldern beschäftigt gewesen. Von diesen war niemand als Führer zu gewinnen, weil sie den Abstieg in die Höhle als zu gefährlich empfanden oder aber gar nicht von ihrer Existenz gewusst hätten.[3] Johann Gottlob Krüger widmet sich in seinem Buch von 1740 vor allem den Gewässern und den Zu- und Abflüssen der Heimkehle.[4]

Im 19. Jahrhundert werden die Beschreibungen wiederum häufiger, ebenso wie die Erwähnungen in Reiseführern. Zu nennen

---

[*] An dieser Stelle möchte ich meinem Vater Wolfgang Zerjadtke danken, der eine unschätzbare Hilfe und unerschöpfliche Informationsquelle über die Heimkehle war. Ohne seine Mitarbeit wäre die Abfassung des vorliegenden Beitrages unmöglich gewesen.

wären hier unter anderem Johann Günther Friedrich Cannabich, der Band „Hercynia. Ein Führer durch den Harz" von 1839, August Ey und Heinrich Müller.[5] In der handschriftlich überlieferten Chronik des Uftrunger Pastors Louis Potel gibt dieser an, es gebe eine große und eine kleine Heimkehle, wobei letztere in den 1830er-Jahren eingestürzt sei. Die Höhle sei „aus reiner Feigheit, weil kein Uftrunger sich hineinwagt" nicht in größerem Maße untersucht worden.[6] Vielfach sind die Beschreibungen sehr kurz gehalten und variieren in ihren Informationen. Die Beschreibungen von Theodor Eckart, Johann Carl Freiesleben, Christian Gottfried Daniel Stein, August Schumann, Christian Keferstein, Wilhelm Blumenhagen, Hanns Bruno Geinitz, Heinrich Pröhle und im Reichsanzeiger der Deutschen lassen sich nicht miteinander in Einklang bringen.[7] Die meisten der Autoren haben die Höhle sicherlich nie mit eigenen Augen gesehen.[8]

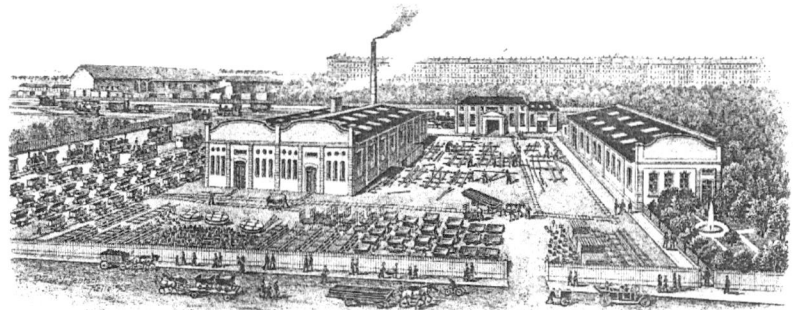

Abb. 2.1: Der Briefkopf der Firma Theodor Wienrichs zeigt eine Grafik der Werksanlagen in Halle Ammendorf. Privatarchiv Zerjadtke/Uftrungen

Ein Grund war die äußerst schlechte Zugänglichkeit der Höhle. Um dies zu ändern, begann 1900 der Rektor Magnus aus Stolberg, Wege zu beräumen und Stege zu errichten. Die erste professionelle Vermessung der Höhle durch Alfred Berg wurde durch den Ausbruch des Ersten Weltkrieges unterbrochen und erst 1919 durch Friedrich Stolberg vollständig durchgeführt.[9] Hauptproblem war nach wie vor, dass die Höhle beinahe ständig überflutet war und daher zumeist nur mit Booten befahren werden konnte. Dieser Zustand verschlechterte sich durch den

1872 am nordwestlichen Ende der Höhle geschaffenen sogenannten Entenseestollen, der dazu diente, die häufig nassen Wiesen entlang der Thyra zu entwässern.[10] Ihre tatsächliche Erschließung zur touristischen Nutzung geschah ab dem Jahr 1920 durch den Industriellen Theodor Wienrich. Der 1881 geborene Wienrich leitete seit seinem 25. Lebensjahr zusammen mit zwei Gesellschaftern eine Firma für Eisenbahnbedarf. Ab dem Jahr 1914 leitete er seine eigene Firma, die Feldbahnfabrik „Wienrich & Co. GmbH" (Abb. 2.1).[11]

Abb. 2.2: Ausgebauter Natureingang der Heimkehle mit Treppe und Handlauf. Postkarte aus den 1920er Jahren. Sammlung Jens und Antje Ertner, Uftrungen

Theodor Wienrich war Jäger und hatte sich ein Revier im östlichen Bereich des „Alten Stolberg" gesichert. Die Gegend war, anders als die Ländereien um Halle herum, hügelig und naturbelassen, boten einen idealen Rückzugsort und beste Voraussetzungen für die Jagd. Die Heimkehle lag in Wienrichs Jagdrevier und es war nur eine Frage der Zeit, bis er selbst auf den Natureingang zur Höhle stoßen würde. Sicherlich war er vorher bereits von engagierten ortsansässigen Bürgern, vor allem dem Lehrer Richard Hennig, auf die Besonderheit aufmerksam gemacht worden. Die über den Riethweg gut zu erreichende Höhle mit ihren hohen Kammern und klaren Seen, malerisch gelegen in den bewaldeten Hügeln des Unterharzes, bot sich als touristische Attraktion geradezu an. Im Juli 1920 wurde Theodor Wienrich und Richard Hennig von der Gemeinde Uftrungen erlaubt, die Heimkehle für den öffentlichen Verkehr zu erschließen. Dafür durften sie inner- und außerhalb der Höhle Einrichtungen schaffen, die so lange in ihrem Besitz verblieben, wie die Höhle betrieben wurde. Eventuelle Schäden waren zu ersetzen. Die Gemeinde bestimmte weiterhin, dass die Uftrungerinnen und Uftrunger sowie ihre Nachkommen jederzeit unentgeltlich die Heimkehle besuchen durften.[12]

Abb. 2.3: Ansicht des Alten Stolbergs mit Jagdhaus Theodor Wienrichs (links) und dem Hotel Heimkehle (rechts). Postkarte aus den 1920er Jahren. Sammlung Jens und Antje Ertner, Uftrungen

Theodor Wienrich und Lehrer Hennig gingen ans Werk, der Eingang wurde eingezäunt, abgesichert und so gestaltet, dass Besucher einfacher in die Höhle gelangen konnten (Abb. 2.2). Durch Entwässerungsanlagen wurde die größtenteils unter Wasser stehende Höhle trockengelegt, die Kammern und Gänge wurden mit elektrischem Licht ausgestattet. Es wurde der sogenannte „Thyrastollen" am südöstlichen Ausläufer der Heimkehle geschaffen, um Höhle und Wiesen zu entwässern. Im Jahr 1921 wurde ein weiterer Zugang, der „Wienrichstollen" in der Nähe des natürlichen Einganges in den Berg getrieben und als Ausgang für die Besucher genutzt. Es wurden tonnenweise Geröll und Felsen aus der Heimkehle entfernt.

k. **Die Heimkehle bei Uftrungen,** die neue Riesengipshöhle unweit des Kyffhäusers, deren Erschließung Theodor Wienrich (Halle) zu danken ist, ist mit Entwässerungs- und Beleuchtungsanlagen, die während des Winters ausgebaut wurden, neu versehen. Im großen Dom, dem Hauptschaustück der Höhle, ist ein riesiger Platz mit Naturkanzel aus weißem Alabaster angelegt, wo Vorträge und Festspiele stattfinden. Ein kleines, blockhausartiges, einstöckiges Heimats- und Höhlenmuseum in Fachwerk neben dem Höhlenportal wird im Spätsommer eröffnet. Gleich nach der Wiedereröffnung der Höhle setzte ein lebhafter Besuch ein. Die Höhle liegt an einer Seitenlinie der Halle—Nordhäuserstrecke nahe Stolberg, inmitten großer Naturschönheiten; sie kann an einem Tage mit dem Kyffhäuserdenkmal zusammen besucht werden. Im vorigen Sommer ist die Höhle von über 100,000 Menschen befahren worden. Die Heimkehle ist die größte und längste aller **deutschen Höhlen**, die den Tropfsteinhöhlen an Stimmungsgewalt nichts nachgibt, zumal an ihren Auswaschungen, Decken- und Wandbildungen.

Abb. 2.4: Annonce aus „Münchner Neues Nachrichten" vom Samstag/Sonntag, 24./25. Juni 1922, 75. Jahrgang Nr. 262, Seite 19

Dieser Erschließungsprozess dauerte über Jahre an. In der ersten Werbeannonce von 1920 wird über einen Führungsweg von 1.000 m berichtet, vier Jahre später waren es bereits 2.000 m. Die Höhle sei mittlerweile trocken und „auch von Damen" leicht zu Fuß zugänglich.[13]

Im Bereich vor der Höhle, am Fuße des Alten Stolberg, wurden neben Wienrichs Jagdhaus ein Hotel, eine Freiterasse, ein Schwanenteich und eine Verkaufsstelle für Andenken geschaffen (Abb. 2.3).[14] Aus einem späteren Brief ist ersichtlich, dass das Hotel über 26 Zimmer verfügte und bis zu 500 Personen bei Veranstaltungen verköstigen konnte. Zudem wurde der Zugangsweg ausgebaut, auf dem die Touristen vom Bahnhof Uftrungen die Einrichtungen erreichen konnten. Die Eintrittspreise beliefen sich in dieser Zeit auf 0,25 bis 1 Reichsmark.[15] Aufgrund dieser Bemühungen und großangelegter Werbekampagnen entwickelte sich die Heimkehle zu einer beliebten Attraktion. In einer Annonce in den Münchner neuesten Nachrichten von 1922 wird von 100.000 Besuchern im vorangegangenen Jahr gesprochen (Abb. 2.4).[16] Sicherlich ist diese Zahl aus Werbzwecken deutlich erhöht. Bei der Annahme einer Saisondauer von 200 Tagen hätten täglich 500 Gäste die Heimkehle besichtigen müssen, was kaum anzunehmen ist. Nichtsdestotrotz hatte sich die Schauhöhle sehr schnell zu einem Touristenmagneten entwickelt. Die große Anzahl von unterschiedlichen und heute noch bei Sammlern im Umlauf befindlichen Postkarten aus dieser Zeit unterstreichen die Beliebtheit der Heimkehle. Im Jahr 1923 wurde die Heimkehle durch die Preußische Regierung dann auch zum Naturschutzgebiet erklärt.[17] Der Erschließer der Heimkehle, Theodor Wienrich, starb 1937.

Als Teil des Konzentrationslagers „Heinrich"

Nach Kriegsbeginn wurde die Heimkehle weiterhin touristisch genutzt, aber kriegsbedingte Einschränkungen erschwerten den Betrieb. Aus dem Jahr 1940 liegt eine Reihe von Anfragen von Theodor Wienrichs Tochter Emmy Wünnenberg über die Lieferung von Kaffeeersatzmischung und Bezugsscheinen für Nahrungsmittel vor, außerdem für das Jahr 1941 eine Forderung der Gewerbesteuer.[18] Die Fabrik Wienrich & Co. scheint hingegen im Jahr 1943 ihre Aktivitäten eingestellt zu haben, sodass die Heimkehle spätestens ab jetzt finanziell gänzlich auf sich allein gestellt war.[19]

Die Nutzung der Höhle zur Unterbringung kriegswichtiger Industrieproduktion geht auf den „Erlaß des Führers über den Ausgleich kriegswichtigen Raumbedarfs" vom 12. November 1943 zurück, der im Reichsgesetzblatt Nr. 100 veröffentlicht wurde, ausgegeben am 23. November des Jahres. Drei Monate später, Anfang Februar 1944 wurde das in Schönebeck (Elbe) angesiedelte Werk der Junkers Flugzeug- und Motorenwerke aus Dessau durch das Büro des Reichsluftfahrtministers Göring benachrichtigt, dass ihnen u. a. 10.000 m^2 Fläche in der Heimkehle zugewiesen wurde.[20]

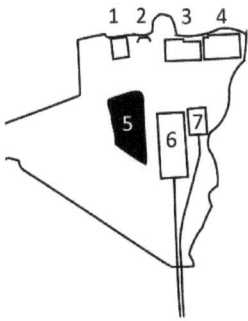

1 - Jagdhaus Theodor Wienrich
2 - neuer Zugangsstollen
3 - Heizwerk und Umkleide
4 - Hotel Heimkehle
5 - Rest des Schwanenteiches
6 - Verladehalle
7 - weitere Verladestelle

Abb. 2.5: Alliierte Luftbildaufnahme vom 15.5.1945 mit einer Übersicht über die Bauten auf der rechten Seite. Grafik: Michael Zerjadtke.

Ende Februar 1944 informierten die Junkers Werke die Erben Theodor Wienrichs, dass die Verlegung von Produktionsmitteln in die Heimkehle geplant sei und am 9. März wurde die Heimkehle mitsamt ihren

Einrichtungen durch die SS beschlagnahmt. Bald darauf, am 12. April 1944, bezog der SS-Führungsstab das Landhaus. Bei dieser Gelegenheit wurden auch Bauzeichnungen angefertigt, aus denen der Aufbau der beiden Gebäude hervorgeht.[21] Der Eigentümerin Emmy Wünnenberg, genannt „Ralla", wurde eine Entschädigung über 50.000 Reichsmark angeboten, die sie ablehnte. Insgesamt erfolgte die Zusammenarbeit mit der SS eher unfreiwillig. Letzten Endes nahm sie einen Betrag über 10.000 Reichsmark an. Der in der Heimkehle tätige Fotograf Herr Martinek machte ebenfalls Schadensersatzforderungen geltend.[22]

Abb. 2.6: Rechts in der Mitte des Bildes ist die Unterkunft der Häftlinge des Konzentrationslagers „Heinrich" im Gebäude der Firma Schuck erkennbar. Links in der Mitte befinden sich die gut sichtbaren Baracken des Fremdarbeiterlagers. Genordetes Luftbild von Rottleberode vom 21.7.1945

Die Bauarbeiten an der Heimkehle und den Zufahrtswegen waren umfangreich. Neben dem Wienrichstollen bzw. dem Natureingang musste ein neuer Zugangsstollen geschaffen werden, um die Materialmengen zu transportieren, dazu kamen zwei Wetterschächte zur

Belüftung der Anlage (Abb. 2.5). Eine Bahnverbindung zur Strecke Rottleberode-Berga wurde eingerichtet, sie führte nach Norden zum Gelände des Gipswerkes. Eine weitere Bahnanlage mit Zufahrt zur Höhle wurde ebenfalls gebaut. Dafür musste der angelegte Schwanenteich weichen, um ausreichenden Platz für die Verladerampen zu schaffen. Angrenzend an Hotel und Landhaus wurden ein Heizhaus sowie ein Wasch- und Umkleideraum gebaut, Fotografien vom Vorplatz der Höhle zeigen weitere Baracken und Einrichtungen. Das Innere der Höhle wurde ebenfalls vollständig umgestaltet, Baracken aufgestellt und technische Anlagen installiert. Die Räumlichkeiten wurden durch kontinuierlich laufende Pumpen trockengelegt und -gehalten.[23]

In der Anlage selbst waren Arbeiter und Ingenieure aus dem Bestand der Junkers-Werke tätig. Im Juli 1944 wurden erstmals Häftlinge für den Einsatz in den Produktionsstätten der „Thyrawerke" angefordert. Die Verwaltung der Konzentrationslager entsandte Häftlinge, die im einige Monate zuvor in Rottleberode eingerichteten Zweiglager „Heinrich" des KZ Dora untergebracht waren (Abb. 2.6). Anfangs mussten sie den etwa 4 km langen Weg zwischen ihrer Unterkunft und der Heimkehle zu Fuß zurücklegen, später wurden sie in Eisenbahnwaggons transportiert.[24] Am 1. November 1944 befanden sich 846 Häftlinge im Lager Rottleberode, gegen Kriegsende wuchs ihre Zahl durch die Ankunft von Häftlingen aus anderen bereits evakuierten Lagern noch einmal deutlich an.[25] Sie waren in einem ehemaligen Fabrikgebäude der Firma Max Schuck am Ausgang des Ortes untergebracht. Die Zustände in der Unterkunft und der Tagesablauf sind durch Aussagen der ehemaligen Häftlinge André Carré, Stéphane Hessel und Karl Semmler sowie des Wachmannes Willy Mirbach in knapper Form überliefert.[26] Unweit des Lagers wurde eine provisorische Laderampe für den An- und Abtransport der Häftlinge gebaut.[27]

Ein Großteil der Häftlinge war in den Thyrawerken in der Heimkehle beschäftigt, zusammen mit mehr als 100 Zivilisten, ortsansässigen Arbeitern und Fachpersonal der Junkers-Werke.[28] Landhaus und Hotel vor der Höhle dienten als Kantine, Büro und Unterkunft für die im Werk tätigen Ingenieure, Meister und Techniker.[29] Anders als die Häftlinge blieben sie Tag und Nacht vor Ort.

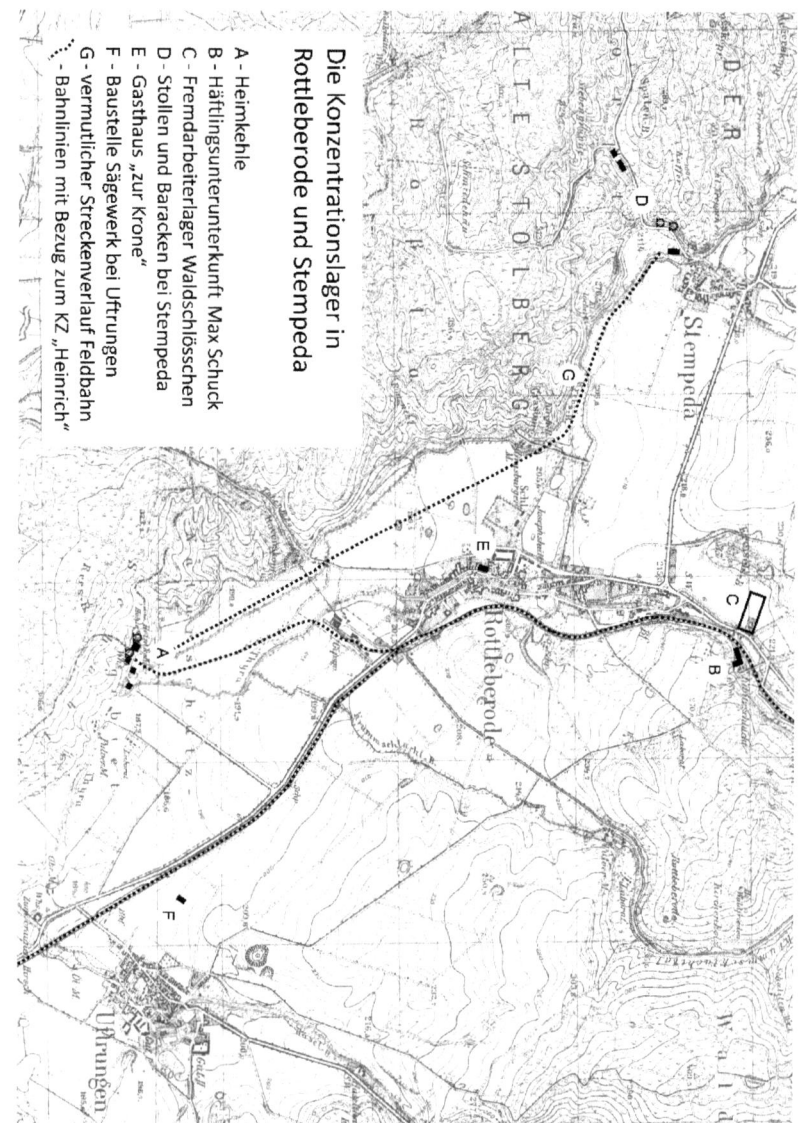

Die Konzentrationslager in
Rottleberode und Stempeda

A - Heimkehle
B - Häftlingsunterunterkunft Max Schuck
C - Fremdarbeiterlager Waldschlösschen
D - Stollen und Baracken bei Stempeda
E - Gasthaus „zur Krone"
F - Baustelle Sägewerk bei Uftrungen
G - vermutlicher Streckenverlauf Feldbahn
-- Bahnlinien mit Bezug zum KZ „Heinrich"

Abb. 2.7: Karte der Standorte des KZ „Heinrich" und der Bahntrassen. Grafik:
Michael Zerjadtke

Das Wachpersonal war wiederum in anderen Gebäuden in Rottleberode untergebracht. Der Wachmann Willy Mirbach berichtet von der Unterkunft in den Räumlichkeiten eines Frauenhäftlingslagers am Waldschlösschen. Dabei handelte es sich sicherlich um das am Nordausgang von Rottleberode gelegene Fremdarbeiterlager, in dem 3.000 Menschen untergebracht und zur Arbeit gezwungen wurden. Es befand sich neben dem Waldschlösschen.[30] Später zog er mit weiteren Wachleuten in das Gasthaus „Zur Krone" um, unmittelbar nördlich der Brücke über den Mühlgraben.[31] Neben der Heimkehle gab es noch weitere Einsatzorte der Häftlinge, darunter die Baustelle eines Sägewerkes.[32] Nördlich des Ortsausganges von Uftrungen sind die Grundmauern noch heute sichtbar. Ab Januar 1945 wurde ein weiteres Außenlager in Stempeda eingerichtet, das eng mit dem KZ in Rottleberode zusammenhing.[33] Eine Bahntrasse sollte die Produktionsstätten in der Heimkehle mit den Stollen bei Stempeda verbinden (Abb. 2.7). Es ist unklar, ob diese Strecke jemals fertiggestellt wurde.

Das Kriegsende

Als die Truppen der Amerikaner immer näher rückten, wurden die Lager Rottleberode und Stempeda vom 4. auf den 5. April 1945 geräumt und der Großteil der etwa 1.500 Häftlinge auf einen Todesmarsch in Richtung Nordosten geschickt.[34] Viele von ihnen wurden beim Massaker in der Feldscheune Isenschnibbe bei Gardelegen ermordet. Eine Woche später, am 12. April 1945, näherten sich amerikanische Verbände. Um einen Beschuss zu vermeiden, fuhr ihnen eine Delegation von Rottlerödern entgegen und sorgte für eine Übergabe des Ortes.[35] Damit waren auch die kranken, noch im Rottleberöder Lager verbliebenen Häftlinge befreit. Die Kolonne fuhr bald weiter und traf gegen Mittag desselben Tages in Uftrungen ein, wo ebenfalls eine Gruppe von Einwohnern mit weißen Fahnen auf die Amerikaner wartete.[36] Im Gegensatz zu den abtransportierten Häftlingen des Lagers „Heinrich" kam in Rottleberode und Uftrungen bei Kriegsende niemand zu Tode.[37] Das Eintreffen der alliierten Truppen in der Heimkehle ist nirgends erwähnt.[38] Die überlebenden Häftlinge, die im Lager verblieben waren, wurden auf unterschiedliche Unterkünfte verteilt und von den alliierten Truppen sowie der Bevölkerung versorgt.[39]

Am 1. Juli 1945 trafen in Rottleberode und Uftrungen russische Besatzungstruppen ein, die Orte mitsamt der Heimkehle waren nun unter sowjetischer Kontrolle. Ihnen folgten ab September die ersten Umsiedler aus den Ostgebieten. Sie wurden zum Teil weitergeschickt, zum Teil aber auch in den ehemaligen Häftlingsquartieren der Firma Schuck sowie den Baracken des Fremdarbeiterlagers in Rottleberode untergebracht. Nach und nach verteilte man sie auf die umliegenden Orte.[40] Die Heimkehle sollte nach dem Willen der Eigentümerin Emmy Wünnenberg sowie der Gemeinde Uftrungen wieder für die touristische Nutzung erschlossen werden.[41] Am 27. Dezember 1945 schrieb der Bürgermeister einen Brief an den Landrat und informierte ihn über die Zusammenarbeit von Frau Wünnenberg mit der SS sowie den Erhalt einer Entschädigung.[42] Bei einer Sitzung des „Antifa"-Ausschusses Uftrungen im Mai 1946 wurde die Enteignung der Heimkehle beschlossen, was allerdings später durch die Behörden aufgehoben wurde.[43]

Die sowjetische Besatzungsverwaltung hatte allerdings andere Pläne. Im Rahmen der Demilitarisierung und Deindustrialisierung der von der Sowjetunion kontrollierten Zone gerieten auch die Thyrawerke in der Heimkehle ins Visier und im Jahr 1946 wurde die Sprengung der Zugänge in Angriff genommen. Der Bürgermeister von Uftrungen wandte sich am 15. August an den Landrat in Sangerhausen, um dies zu verhindern, da die Heimkehle – wie erwähnt – wieder für die Öffentlichkeit zugänglich gemacht werden sollte.[44] Die Bemühungen des Präsidenten der Provinz Sachsen, die Sowjetische Militäradministration von ihrem Vorhaben abzubringen, waren ergebnislos.[45] Die erste Sprengung der Rüstungsbetriebe erfolgte am 16. September und am 21. des Monats wurden die Eingänge gesprengt.[46] Vermutlich wurden bei dieser zweiten Explosion neben den 1944 gebauten Schächten, dem Wienrichstollen von 1921 sowie dem beräumten Natureingang auch die unmittelbar neben den Zugängen stehenden Gebäude, das Landhaus und das Hotel, zerstört. Die Heimkehle blieb bis zur Wiedererschließung 1953/54 nun vorerst unzugänglich.

Anmerkungen

---

[1] Brückner 2003, 26, mit Anm. 131. Regesten der Erzbischöfe von Mainz, 2. Abt., Bd. 1, S. 200f., Nr. 888.

[2] Zeitfuchs 1717, 360. Kranoldt 1879, 84f. Zum Autor: Moser 1895.

[3] von Rohr 1736, 293f, §8.

[4] Krüger 1740, 46–48. Das Gefrieren des Wassers erwähnt auch: Cantor 1805, 47.

[5] Cannabich 1835, 47; Hercynia 1839, 52; Ey 1855, 406f; Müller 1840, 32.

[6] Potel 1881, Manuskriptseiten 190f. Eckart 1895, 42f.

[7] Eckart 1895, 42f; Freiesleben 1809, 202; Stein 1821, 810; Schumann 1828, 785; Keferstein 1830, 558; Blumenhagen 1838, 178; Geinitz 1843, 23f; Pröhle 1854, 301; Reichsanzeiger der Deutschen, 1850, 865.

[8] Einige tatsächliche Augenzeugenberichte von Höhlenbesuchen sind zu finden in: Völker 1984, 1–8.

[9] Völker 1984, 6 – 8; Stolberg 1926, 23–30.

[10] Schuster 1956, 19.

[11] Viehmann 2020, 360f. vgl. Seidel 2012.

[12] Genehmigung durch die Gemeinde Uftrungen vom 27. Juli 1920. Landesarchiv Sachsen-Anhalt I 410 Nr. 1372.

[13] Coburger Zeitung, Jahrgang 60, Nr. 215, Dienstag, den 14. September 1920; Jahrgang 63, Nr. 147, Mittwoch, den 25. Juni 1924.

[14] Seidel 2012; Münchner neueste Nachrichten, 74, Jahrgang, Nr. 160, Freitag, 15. April 1921, S. 2.

[15] Schreiben der „Heimkehle" GmbH an den Vorsitzenden des Kreisausschusses Sangerhausen vom 19. April 1925. Schreiben von Emmy Wünnenberg an die Wirtschaftsgruppe des Gaststätten- & Beherbungsgewerbes Kreis Sangerhausen vom 5. September 1938. Privatarchiv Zerjadtke/Uftrungen.

[16] Münchner neueste Nachrichten, 75, Jahrgang, Nr. 262, Samstag/Sonntag, 24./25. Juni 1922, S. 19.

[17] Polizeiverordnung vom 31. Januar 1923, Abschrift der Polizeiverordnung Nr. 216 aus dem Amtsblatt der Preußischen Regierung von 1923, S. 62.

[18] Privatarchiv Zerjadtke/Uftrungen.

[19] Staatsarchiv Sachsen-Anhalt, Standort Merseburg, C 110 Halle, Nr. 933, Blatt 941. Vgl. Viehmann 2020, 361.

[20] Weitere Räumlichkeiten wurden den Junkers-Werken zugewiesen in den Salzbergwerken Neu-Sollstedt, im Felsenkeller Halberstadt, dem Brauereikeller Halberstadt und der Salzbergwerke Aschersleben. Schreiben

des Reichsministers der Luftfahrt und Oberbefehlshaber der Luftwaffe an die Junkers Flugzeug-und Motorenwerke, zu Hd. Herrn Engelbert vom 1. Februar 1944, Landesarchiv Sachsen-Anhalt I 410 Nr. 1372.

[21] Schreiben der Junkers-Werke Schönebeck an die Hauptverwaltung in Ballenstedt, Landesarchiv Sachsen-Anhalt I 410 Nr. 1372.

[22] Zahlung Ende 1944. Schreiben des Rechtsanwaltes Hans Senger an die Junkers Flugzeug- und Motorenwerke A.G. vom 10. Januar 1945, Landesarchiv Sachsen-Anhalt I 410 Nr. 1372.

[23] Ziegler 2004, 181–185.

[24] Ziegler 2004, 175; 185f. Wagner 2014, 199. Mirbach 1997, 98f; 102f.

[25] Wagner 2014, 199; Ziegler 2004, 179f.

[26] Vgl. Ziegler 2004, 176; Mirbach 1997, 114f.

[27] Lauerwald 1997, 21f.

[28] Ziegler 2004, 188;

[29] Mirbach 1997, 102f.

[30] Ziegler 2004, 162–169.

[31] Mirbach 1997, 96f; 101f.

[32] Wagner 2014, 199; Mirbach 1997, 132–134.

[33] Wagner 2014, 200f.

[34] Neander 1997, 337; 403–414; Wagner 2014, 199.

[35] Aus der Chronik Krelle, abgeschrieben und ergänzt durch A. Schmidt, Privatbesitz/Geschichtsverein Rottleberode.

[36] Matrikelbuch nebst Pfarr-Chronik, Bücher des Pfarr-Archivs zu Uftrungen, Titel 3, No. 17, S. 190f. Evangelisches Kirchenarchiv Roßla.

[37] Insgesamt verlief die Besetzung des Landkreises Sangerhausen beinahe ohne Widerstand ab: Ziegler 1999, 65–79.

[38] Neben den Truppen aus Richtung Rottleberode fuhren weitere aus Görsbach über die Schabeleite in Richtung Uftrungen. Eine dieser Gruppen dürfte auch bis zur Heimkehle vorgedrungen sein. Ziegler 1999, 69f.

[39] Mirbach 1997, 156; Bericht von Ida Sachse, Privatarchiv Zerjadtke/Uftrungen.

[40] Aus der Chronik Krelle, abgeschrieben und ergänzt durch A. Schmidt, Privatbesitz/Geschichtsverein Rottleberode.

[41] Brief des Bürgermeisters an Emmy Wünnenberg vom 16. September 1946. Privatarchiv Zerjadtke/Uftrungen.

[42] Schreiben des Bürgermeisters an den Landrat in Sangerhausen, Privatarchiv Zerjadtke/Uftrungen.

[43] Eintrag in den Protokollen der Gemeinde Uftrungen vom 20. Mai 1946. Privatarchiv Zerjadtke/Uftrungen. Aufhebungsschreiben durch den Rat des Kreises an den Rat der Gemeinde vom 13. Juni 1949. Privatarchiv Zerjadtke/Uftrungen.

[44] Brief des Bürgermeisters an den Landrat des Kreises Sangerhausen vom 15. August 1946. Privatarchiv Zerjadtke/Uftrungen.

[45] Schreiben des Präsidenten der Provinz Sachsen-Anhalt an den Bürgermeister der Gemeinde Uftrungen vom 11. Oktober 1946. Privatarchiv Zerjadtke/Uftrungen.

[46] Schreiben des Bürgermeisters an den Präsidenten der Provinz Sachsen vom September 1946.

Quelle 3: Alltag im Lager von Rottleberode

Auszug der Befragung des ehemaligen Häftlings André Carre durch die Association Française Buchenwald Dora et kommandos, übersetzt von Renate Hochmuth. Auf zwei Fragen gab André Carre ausführliche Antworten. Es handelt sich um die Frage Nr. 4 nach der Größe des Kommandos sowie nach Namen von Kameraden und Kapos sowie Frage Nr. 14 nach der Unterbringung der Häftlinge. Archiv Dora Nr. 07_05_03_0015

Frage Nr. 4:

Das Lager, in dem wir untergebracht waren, setzte sich aus zwei Kommandos zusammen, dasjenige der Spezialisten, in dem ich war [und] dasjenige der Erdarbeiter, Maurer usw. Es war das schrecklichste Kommando, es wurde das Kommando von Stempeda genannt. Jeder Spezialist, der bei einem Fehler ertappt wurde, und das geschah bei dem geringsten Anlaß, wurde für einige Tage oder Wochen in dieses Lager geworfen und es bedeutete Glück, wenn er dort wieder herauskam. Im Lager der Spezialisten gab es auch Opfer, aber von geringerer Bedeutung. Einige straben an Erschöpfung, an Nahrungsmangel, aus Mangel an Schlaf oder an Lungenentzündung, als Folge der endlosen Appelle.

Sehr Wenige sind meines Wissens an Schlägen der SS gestorben. Der Grund dafür war meiner Meinung nach die Tatsache, daß wir alle qualifizierte Arbeiter waren, die schwerer zu ersetzen waren als ein unqualifizierter Deportierter. Außerdem kamen wir nur im Lager und während des Transportes vom Lager zum Tunnel mit den SS-Leuten oder den Kapos in Berührung. [Ich werde Ihnen noch weitere Einzelheiten hierzu bei der Beantwortung anderer Fragen geben.]

Im Kommando der Erdarbeiter Stempeda war das Leben unerträglich. Unseres Wissens konnte sich ein Deportierter kaum länger als sechs Monate dort halten. Ständig unter der Aufsicht der SS und ihrer Hunde, der Kapos, die meistens Polen oder Deutsche mit normalen Rechten waren, war ihr Leben eine Hölle, Bei gleicher Nahrung wie die unsrige, waren sie zu wesentlich größeren körperlichen Anstrengungen gezwungen als wir. Jedesmal wenn einer von ihnen (der Deportierten) vor Erschöpfung umfiel, stürzten sich die Kapos wild auf ihn, bis er tot war. Abends sahen wir oft diese bedauernswerte Kolonne, wie sie erschöpft, vor Müdigkeit und sich nur wie durch ein Wunder aufrecht haltend, ihre Toten des Tages in Zementtrögen, die auf Rädern montiert waren, in das Lager brachten. Dort wurden sie nachlässig in einen Schuppen geworfen, bis der Lastwagen von Dora sie zum Krematorium brachte. Während die Übriggebliebenen im Hof bei Regen oder Schnee im Winter bei eiskaltem Wind auf einen Appell warteten, der gewöhnlich nicht stattfand, holten sich die Kapos ihre Extrarationen, die ihnen jeder tote Mann einbrachte.

Unter diesen Bedingungen war die Erneuerung dieses Kommandos ziemlich häufig. Bei den Spezialisten waren wir ungefähr 500 bis 400 Mann, und in den sechs Monaten bis zur Evakuierung, wurde etwa die Hälfte erneuert. In der gleichen Zeit wurde im Kommando Stempeda die Gesamtbelegschaft zweimal völlig erneuert, wobei man berücksichtigen muß, daß Einige diesem unmenschlichen Regime nur einige Wochen standhielten.

Frage Nr. 14:

Wir waren in einer alten unbenutzten Mühle außerhalb des Dorfes Rottleberode untergebracht, nicht weit von der Eisenbahnlinie entfernt. Dieses große Gebäude bestand aus dem Erdgeschoß und zwei Stockwerken. Im Erdgeschoß waren die Küchen, ein großer

Saal, der als Magazin oder zur Aufbewahrung der Arbeitsgeräte diente. Am anderen Ende befanden sich die Wasserstellen, Waschräume und einige Duschen. Dieser Raum war nie geheizt. Es herrschte dort eine eisige Kälte. Zu den Stockwerken gelangte man über eine alte Holztreppe. Im 1. Stockwerk war das Kommando Stempeda untergebracht. Sie schliefen zusammengepfercht in Etagenbetten, zu drei Mann auf einem Platz. Zwei schliefen nebeneinander und der dritte in entgegengesetzter Richtung den Kopf am Fußende. In der Woche, wenn eine Hälfte am Tage und die andere Hälfte des nachts arbeitete, war man etwas weniger beengt, aber am Sonntagabend wenn die ganze Belegschaft da war, lagen wir manchmal zu viert auf einem Platz, zwei zu den Füßen und zwei am Kopfende.

Im zweiten Stockwerk waren die Spezialisten untergebracht, diejenigen, die in der unterirdischen Fabrik arbeiteten. Die Bedingungen waren dort genau dieselben wie in der Stempeda-Etage. Es gab kaum mehr als 50 cm Gang zwischen den Bettgestellen, die alle aneinander befestigt waren. Diejenigen, die oben schliefen, mußten Turnübungen machen, um nach oben zu gelangen. Diejenigen die unten schliefen, schlüpften in das untere Bett, wie in einen Unterstand. Es gab nur eine Decke für alle. Aber das genügte auch, denn die Hitze, die in diesem Schlafraum von 10 X 15 m für 200 bis 250 Mann herrschte, war zum Ersticken. Die Übrigen schliefen in einer Halle neben der Treppe, unter den selben Bedingungen wie wir. Es gab keinerlei Sitzgelegenheiten, weder Schemel noch Bank, keinen Tisch zum Essen und auch keinen Speisesaal. Wir verschlangen unsere karge Mahlzeit wie die Tiere in unseren Nieschen. Und wenn man gegessen hatte, mußte man zwei Stockwerke hinabsteigen, um seinen Teller oder Napf abzuwaschen.

Wir lebten nur zwölf Stunden am Tag oder in der Nacht im Tunnel, denn jeden Morgen oder Abend gingen wir vom Kommando fort oder kamen zurück. Die Frühschicht mußte um ½ 4 Uhr aufstehen, schnelle Wäsche, ¼ l Eichelkaffee, um 4 Uhr Appellplatz, d.h. im Hof der Mühle. Das Wecken war übrigens oft sehr unruhig. Um 3,50 Uhr kam der Stubendienst, ein gewisser Otto mit einem Signalpfiff in den Schlafraum und schrie „Aufstehen!". Ein oder zwei Minuten später erschien er wieder mit dem „Gummi" in der Hand. Gnade dem, der noch nicht aufrecht dastand. Er schlug, brüllte, schrie und der unglückliche Gefangene flüchtete schnell in den Waschraum, der im Erdgeschoß war. Eine halbe Stunde später mußte man sich wieder im Hof einfinden. Dort erwarteten uns die Kapos und die SS-Wachleute mit ihren Hunden.

Morgens gab es keinen namentlichen Appell. Man ließ uns in Viererreihen antreten, unter Geschrei, Hundegebell und Schlägen der SS. Wir mißtrauten den Hunden. Die Kolonne verlief in einer Spitze nach hinten, denn jeder vermied, im äußeren Glied zu sein, um nicht von den Hunden gebissen zu werden. Endlich nach einigen Schlägen und vielen Flüchen gelang es unseren Wachleuten, eine tadellose Kolonne zu bilden und nach den traditionellen „Mützen ab!" beim Vorbeimarsch am Wachkommando gingen wir durch das Tor in Richtung auf eine Eisenbahnlinie, die 5 bis 10 Minuten vom Lager entfernt war. Dort erwarteten wir in der morgendlichen Kälte, bei Regen und Schnee, erstarrt in unserer dürftigen gestreiften Kleidung, die Ankunft eines kleinen Zuges, der uns 5 bis 6 km weit brachte. Die Fahrt dauerte etwa eine viertel Stunde, und wir mußten auf freiem Feld aussteigen. Wieder ließ man uns in Kolonnen zu vieren antreten. Wir wurden von Neuem gezählt. Wenn das Zählen beendet war, fuhr der Zug wieder ab.

Wir gingen zu Fuß auf einem holprigen Weg, der ohne Zweifel durch die Felder gelegt war, um uns zum Eingang des Tunnels zu bringen. Der Weg vom Zug bis zum Tunnel dauerte ungefähr 20 bis 25 Minuten. Bewacht von der SS und einigen Soldaten der Wehrmacht machten wir uns auf den weg, in mittelmäßig guter Ordnung, wobei wir versuchten möglichst gute Ordnung zu halten, denn die Hunde waren los und gut dressiert. Wie Schäferhunde liefen sie einer hinter dem anderen rund um unsere Kolonne herum. Aus diesem Grunde auch versuchten die

Deportierten, nicht außen zu gehen, denn bei der geringsten Abweichung stürzte sich ein Hund auf ihn, biß in die Wade oder in die Ferse und schnell war er wieder in der Reihe.

5:45 Uhr kamen wir endlich am Eingang des Tunnels an, neue Zählung, und dann wurden wir der SS-Wache der unterirdischen Fabrik übergeben. Nachdem wir das Tor durchschritten hatten, begaben wir uns an unsere jeweiligen Plätze. Die Schicht begann um 6 Uhr, und wir waren bereits seit zweieinhalb Stunden auf. Zwölf Stunden lang blieben wir bei Tag oder bei Nacht an die Maschine oder an den Schraubstock gefesselt. Wir hatten nur mittags eine Pause von 20 Minuten, um unseren Schlag magerer Kost, die Vom Lager gebracht wurde, zu verschlingen. Wenn wir Nachtschicht hatten, vergingen die zwölf Stunden ohne Essen, denn wir bekamen die „Suppe" vor dem Abmarsch, und der kleine Imbiß wurde am Morgen bei der Rückkunft verteilt.

Um 18 Uhr war die Tagschicht beendet. Man machte in entgegengesetzter Richtung den selben Weg wie am Morgen, mit dem selben Zeremoniell und um 20 Uhr oder 20:50 Uhr waren wir wieder im Lager. Wieder mußten wir den Abendappell über uns ergehen lassen, diesmal namentlich. Es dauerte 1 bis 1 ½ Stunden und um 21:50 oder 22 Uhr, nachdem wir unser Stückchen Brot und Margarine empfangen hatten, konnten wir endlich unsere armen, schmerzenden Glieder ausstrecken. Wir waren 18 ½ Stunden auf den Beinen gewesen. Es ist verständlich, daß nur Wenige einem solchen Regime lange standhielten.

Im Lager Rottleberode waren die sanitären Anlagen sehr dürftig. In einem großen Raum unten, „Waschraum" genannt, gab es einige Wasserstellen, einige Duschen und einige Wasserhähne an der Wand. In der Mitte des Raumes waren zwei oder drei Wasserbecken mit Wasserhähnen aufgestellt. Das war die ganze Einrichtung für 1.000 bis 1.200 Mann. Meistens war das Wasser kalt. Im Winter mußte man sich Mühe geben, sauber zu bleiben.

Neben den sanitären Einrichtungen gab es auf medizinischem Gebiet noch ein kleines „Revier". Aber es war vorzuziehen, es nicht zu beanspruchen. Die Kranken wurden nur mit etwas Aspirin gegen alle Krankheiten und mit Kohletabletten gegen Durchfall behandelt. Man behielt die Kranken nur zwei bis drei Tage. Wenn sie nach Ablauf dieser Zeitspanne nicht fähig waren, ihre Arbeit wieder aufzunehmen, wurden sie nach Dora gebracht, und man sah sie nie wieder.

Das KZ-Außenlager Rottleberode

Anett Dremel

Mitte März 1944 wurde im Ort Rottleberode ein weiteres Außenlager in der Nähe des bereits bestehenden Lagers Dora gegründet. Das KZ-Außenlager Rottleberode gehörte administrativ ebenso wie Dora zu diesem Zeitpunkt noch zum KZ-Komplex Buchenwald und wurde erst im November 1944 vollständig dem neugegründeten KZ Mittelbau unterstellt.

Am 13. März 1944 erreichte ein erster Transport mit etwa 200 Häftlingen aus Buchenwald das neu gegründete Lager im Südharz, das dort unter dem Tarnnamen „Heinrich" geführt wurde. Die ankommenden Häftlinge sollten die in der Nähe vorhandene Naturhöhle „Heimkehle" zu einer Untertagefabrik umbauen. Im Zuge der Planungen zur Untertageverlagerung der Luftrüstung sollte dort ein Werk zur Herstellung von Flugzeugteilen eingerichtet werden. Bereits im Februar hatte das Reichsluftfahrtministerium (RLM) die Junkers Flugzeug- und Motorenwerke AG angewiesen, entsprechende Bau- und Planungsunterlagen vorzulegen.[1] Geplant war die unterirdische Fertigung von Federkernen und das Zusammensetzen von Einzelteilen für die Flugzeugtypen Ju 88 und Ju 188.[2]

Die Unterbringung in Rottleberode

Das Lager zur Unterbringung der Häftlinge war etwa vier Kilometer vom Arbeitsort in der Heimkehle entfernt. Dazu wurde am nördlichen Rand von Rottleberode in Richtung Stolberg ein Lager in der ehemaligen Porzellanfabrik Max Schuck eingerichtet, die zuvor von Junkers angemietet worden war.

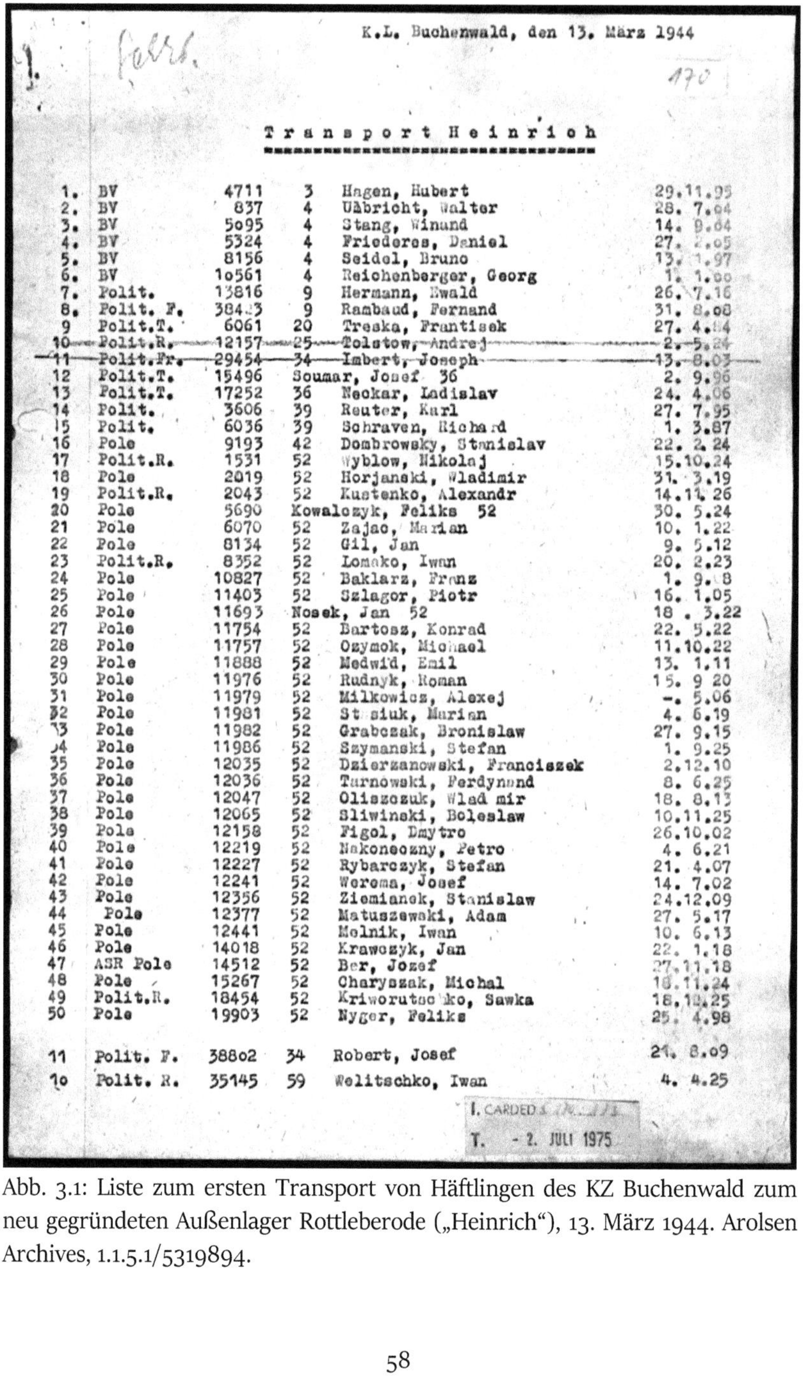

K.L. Buchenwald, den 13. März 1944

170

Transport Heinrich

1.	BV	4711	3	Hagen, Hubert	29.11.95
2.	BV	837	4	Uäbricht, Walter	28. 7.04
3.	BV	5095	4	Stang, Winund	14. 9.04
4.	BV	5324	4	Friederes, Daniel	27. 2.05
5.	BV	8156	4	Seidel, Bruno	13. 1.97
6.	BV	10561	4	Reichenberger, Georg	1. 1.00
7.	Polit.	13816	9	Hermann, Ewald	26. 7.16
8.	Polit. F.	38423	9	Rambaud, Fernand	31. 8.08
9	Polit.T.	6061	20	Treska, Frantisek	27. 4.14
~~10~~	~~Polit.R.~~	~~12157~~	~~25~~	~~Tolstow, Andrej~~	~~2. 5.24~~
~~11~~	~~Polit.Fr.~~	~~29454~~	~~34~~	~~Imbert, Joseph~~	~~13. 8.03~~
12	Polit.T.	15496		Soumar, Josef 36	2. 9.96
13	Polit.T.	17252	36	Neckar, Ladislav	24. 4.06
14	Polit.	3606	39	Reuter, Karl	27. 7.95
15	Polit.	6036	39	Schraven, Richard	1. 3.87
16	Pole	9193	42	Dombrowsky, Stanislav	22. 2.24
17	Polit.R.	1531	52	Wyblow, Nikolaj	15.10.24
18	Pole	2019	52	Horjanski, Wladimir	31. 3.19
19	Polit.R.	2043	52	Kustenko, Alexandr	14.11.26
20	Pole	5690		Kowalczyk, Feliks 52	30. 5.24
21	Pole	6070	52	Zajac, Marian	10. 1.22
22	Pole	8134	52	Gil, Jan	9. 5.12
23	Polit.R.	8352	52	Lomako, Iwan	20. 2.23
24	Pole	10827	52	Baklarz, Franz	1. 9. 8
25	Pole	11403	52	Szlagor, Piotr	16. 1.05
26	Pole	11693		Nosek, Jan 52	18 . 3.22
27	Pole	11754	52	Bartosz, Konrad	22. 5.22
28	Pole	11757	52	Oszmok, Michael	11.10.22
29	Pole	11888	52	Medwid, Emil	13. 1.11
30	Pole	11976	52	Rudnyk, Roman	15. 9 20
31	Pole	11979	52	Milkowicz, Alexej	-. 5.06
32	Pole	11981	52	Stasiuk, Marian	4. 6.19
33	Pole	11982	52	Graboszak, Bronislaw	27. 9.15
34	Pole	11986	52	Szymanski, Stefan	1. 9.24
35	Pole	12035	52	Dzierzanowski, Franciszek	2.12.10
36	Pole	12036	52	Turnowski, Ferdynand	8. 6.25
37	Pole	12047	52	Oliszczuk, Wladimir	18. 8.13
38	Pole	12065	52	Sliwinski, Boleslaw	10.11.25
39	Pole	12158	52	Figol, Dmytro	26.10.02
40	Pole	12219	52	Nakoneczny, Petro	4. 6.21
41	Pole	12227	52	Rybarczyk, Stefan	21. 4.07
42	Pole	12241	52	Woroma, Josef	14. 7.02
43	Pole	12356	52	Ziemianek, Stanislaw	24.12.09
44	Pole	12377	52	Matuszewski, Adam	27. 5.17
45	Pole	12441	52	Melnik, Iwan	10. 6.13
46	Pole	14018	52	Krawczyk, Jan	22. 1.18
47	ASR Pole	14512	52	Ber, Jozef	27.11.18
48	Pole	15267	52	Charyszak, Michal	18.11.24
49	Polit.R.	18454	52	Kriworutoczko, Sawka	18.11.25
50	Pole	19903	52	Nyger, Feliks	25. 4.98
11	Polit. F.	38802	34	Robert, Josef	24. 8.09
10	Polit. R.	35145	59	Welitschko, Iwan	4. 4.25

I. CARDED
T. - 2. JULI 1975

Abb. 3.1: Liste zum ersten Transport von Häftlingen des KZ Buchenwald zum neu gegründeten Außenlager Rottleberode („Heinrich"), 13. März 1944. Arolsen Archives, 1.1.5.1/5319894.

Der Weg zur Arbeitsstätte in der Heimkehle mussten von den Häftlingen teils in Bahntransporten, teils zu Fuß zurückgelegt werden. Fiel die Bahn aus, mussten die Häftlinge zusätzlich zur kräftezehrenden Arbeit unter Tage, den gesamten Hin- und Rückweg zu Fuß zurücklegen. Der Überlebende Karl Semmler erinnert sich wie folgt:

„Morgens um 3 Uhr aufstehen, 4 Uhr antreten und wenn wir Pech hatten, dass keine Bahn fuhr, mussten wir eine Stunde zu Fuß zur Arbeit marschieren, zwölf Stunden arbeiten mit einer halben Stunde Pause, wieder zu Fuß ins Lager, ein bis zwei Stunden Appell, dazu noch Fliegeralarm, man kam dort gar nicht zur Ruhe."[3]

Abb. 3.2: Foto der als Häftlingsunterkunft genutzten ehemaligen Porzellanfabrik nach dem Krieg. Von Wilhelm Mirbach, Archiv Dora 03_04_00137

Das Gebäude der ehemaligen Porzellanfabrik selbst bestand aus drei Stockwerken. Im Erdgeschoss waren die Küche, Lager- und Waschräume eingerichtet. Im ersten und zweiten Geschoss befanden sich die Unterkunftsräume der Häftlinge. Diese waren mit mehrstöckigen Betten ausgestattet, in denen die Häftlinge auf engstem Raum zusammengepfercht waren. In einer Schlafstelle mussten bis zu drei Häftlinge schlafen. Tische oder Stühle, an denen die Mahlzeiten eingenommen werden konnten, gab es nicht.[4] Da es an Wasser und Seife mangelte, waren die hygienischen Zustände katastrophal und „[es] wimmelte von Läusen, Wanzen und Flöhen."[5]

Das Gebäude war von einem Zaun und Wachtürmen umgeben. Innerhalb des von Stacheldraht umgebenen Geländes befand sich auf einer etwa 50 Meter langen Fläche zwischen dem Gebäude der ehemaligen Porzellanfabrik und dem Zaun der Appellplatz, auf dem die Häftlinge vor und nach den Arbeitsschichten zum Zählappell antreten mussten. In einem kleinen Nebengebäude war zudem ein notdürftig eingerichtetes Krankenrevier zur Minimalversorgung erkrankter oder verletzter Häftlinge eingerichtet.[6]

Im außerhalb des Zauns liegenden Wohnhaus der Familie Schuck war in einem abgetrennten Bereich die Schreibstube des Außenlagers eingerichtet, in dem die Häftlingsschreiber arbeiten mussten.[7]

Die Arbeit der Häftlinge

Die ersten KZ-Häftlinge, die das Außenlager Rottleberode ab März 1944 erreichten, wurden zu körperlich schwerer Zwangsarbeit in der Heimkehle-Höhle eingesetzt. Sie sollten die dort vorhandene Naturhöhle zu einer Untertagefabrik umbauen. Die dafür notwendigen Betonierungs- und Planierungsarbeiten und die Schaffung neuer Zugangsstollen[8] zehrte an den Kräften der eingesetzten Häftlinge. Bereits innerhalb der ersten Wochen nach Beginn der Ausbauarbeiten wurden immer wieder entkräftete Häftlinge als krank und nicht mehr arbeitsfähig nach Buchenwald zurückgeschickt.

Im Juli 1944 waren die Bauarbeiten in der Heimkehle weitgehend abgeschlossen und die Fertigung im sogenannten „Thyra-Werk" hatte begonnen. Neben zivilen deutschen Arbeitern wurden dort KZ-Häftlinge für die Herstellung der Flugzeugteile eingesetzt. Die SS überstellte dafür weitere KZ-Häftlinge aus dem Junkers-Werk in Schönebeck und aus einem Junkers-Zweigwerk in Mühlhausen nach Rottleberode.

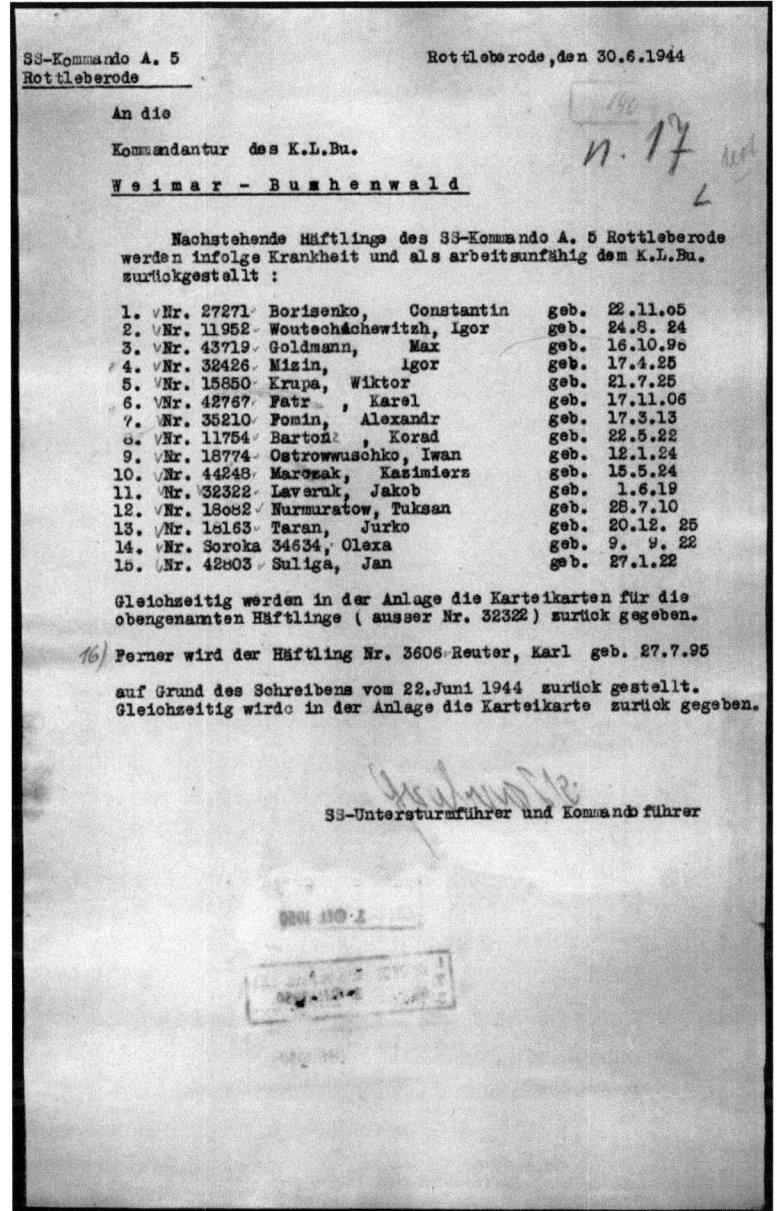

SS-Kommando A. 5
Rottleberode

Rottleberode, den 30.6.1944

An die

Kommandantur des K.L.Bu.

W e i m a r - B u c h e n w a l d

n. 17

Nachstehende Häftlinge des SS-Kommando A. 5 Rottleberode werden infolge Krankheit und als arbeitsunfähig dem K.L.Bu. zurückgestellt :

 1. VNr. 27271 Borisenko,   Constantin   geb. 22.11.05
 2. VNr. 11952 Woutscháchewitzh, Igor   geb. 24.8. 24
 3. VNr. 43719 Goldmann,   Max   geb. 16.10.96
 4. VNr. 32426 Mizin,   Igor   geb. 17.4.25
 5. VNr. 15850 Krupa,   Wiktor   geb. 21.7.25
 6. VNr. 42767 Patr   ,   Karel   geb. 17.11.06
 7. VNr. 35210 Pomin,   Alexandr   geb. 17.3.13
 8. VNr. 11754 Barton   ,   Konrad   geb. 22.5.22
 9. VNr. 18774 Ostrowwuschko, Iwan   geb. 12.1.24
10. VNr. 44248 Marczak,   Kazimierz   geb. 15.5.24
11. VNr. 32322 Laveruk,   Jakob   geb.   1.6.19
12. VNr. 18082 Nurmuratow,   Tuksan   geb. 28.7.10
13. VNr. 18163 Taran,   Jurko   geb. 20.12. 25
14. VNr. Soroka 34634, Olexa   geb.   9. 9. 22
15. VNr. 42803 Suliga,   Jan   geb. 27.1.22

Gleichzeitig werden in der Anlage die Karteikarten für die obengenamten Häftlinge (ausser Nr. 32322) zurück gegeben.

16) Ferner wird der Häftling Nr. 3606 Reuter, Karl geb. 27.7.95

auf Grund des Schreibens vom 22.Juni 1944 zurück gestellt. Gleichzeitig wird in der Anlage die Karteikarte zurück gegeben.

SS-Untersturmführer und Kommando führer

Abb. 3.3: Liste mit kranken und nicht mehr arbeitsfähigen Häftlingen aus dem KZ-Außenlager Rottleberode, 20.06.1944. Arolsen Archives, 1.1.5.1/5319920

Sie galten als „Spezialisten"[9] und hatten schon zuvor bei Junkers arbeiten müssen, waren also mit den Maschinen und der Fertigung vertraut. Die Häftlinge, die zuvor beim Ausbau der unterirdischen Anlagen arbeiten mussten, wurden hingegen bei anderen Bauprojekten in der Region eingesetzt, unter anderem beim Bauprojekt B 3 („Anhydrit") in der Nähe von Woffleben[10] und einem neu eingerichteten Bauprojekt im nahe gelegenen Stempeda. Dort begannen ab Ende August 1944 unter der Bezeichnung B 4 die Bauarbeiten zum Stollenausbau für die geplante Verlagerung des Presswerkes aus dem Junkers-Werk in Schönebeck.[11] Die Arbeitsbedingungen bei den Ausbauarbeiten in Stempeda waren katastrophal. So erinnert sich der in der Produktion eingesetzte französische Häftling André Carré:

> „Im Kommando der Erdarbeiter Stempeda war das Leben unerträglich. Unseres Wissens konnte sich ein Deportierter kaum länger als sechs Monate dort halten. Ständig unter der Aufsicht der SS und ihrer Hunde, der Kapos [...] war ihr Leben eine Hölle. Bei gleicher Nahrung wie die unsrige, waren sie zu wesentlich größeren körperlichen Anstrengungen gezwungen als wir."[12]

Zunächst waren die in der Fertigung eingesetzten Häftlinge und die Häftlinge der Baustelle in Stempeda noch gemeinsam im Lager in Rottleberode untergebracht, jedoch getrennt nach Stockwerken.[13] Aufgrund der steigenden Krankenzahlen unter den vollkommen ausgezehrten Häftlingen aus Stempeda und der Gefahr des Übergreifens von Krankheiten, drängte Junkers jedoch schon bald auf eine Separierung der Häftlinge, um die Produktion nicht zu gefährden.[14]

Am Jahresende 1944 wurde daher mit dem Bau eines separaten Barackenlagers in der Nähe der Arbeitsstelle in Stempeda begonnen. Ab Januar wurden dort nach und nach die beim Stollenvortrieb eingesetzten Häftlinge untergebracht, unter anderem auch etwa 450 jüdische Häftlinge, die kurz zuvor aus Tschentschochau über das KZ Mittelbau-Dora nach Rottleberode gebracht worden waren. Mindesten 50 Häftlinge starben beim Bau des Stollensystem in der Nähe von Stempeda.[15] Das geplante Presswerk wurde niemals in Betrieb genommen.

Anett Dremel

Abb. 3.4: Häftlinge des KZ-Außenlagers Rottleberode beim Ausbau der Höhle Heimkehle, 12.06.1944. KZ-Gedenkstätte Mittelbau-Dora

Die Häftlinge

Die ersten Häftlinge, die im März das neu eingerichtete KZ-Außenlager Rottleberode erreichten, kamen aus dem KZ Buchenwald. Der Transport bestand mehrheitlich aus polnischen und sowjetischen Häftlingen. Unter den Ankommenden waren jedoch auch Häftlinge, die als so genannte Funktionshäftlinge in der Häftlingsschreibstube oder im Häftlings-krankenrevier eingesetzt wurden.[16] In den folgenden Monaten trafen weitere Transporte aus Buchenwald in Rottleberode ein. Ende Mai waren bereits etwa 800 Häftlinge im Außenlager untergebracht und zur Zwangsarbeit eingesetzt. Mit dem Beginn der Produktion von Flugzeugteilen im Juli 1944 wurden mehr und mehr Häftlinge nach Rottleberode gebracht, die eine technische Ausbildung hatten. Viele kamen aus dem Buchenwalder Außenlager in Schönebeck, in dem sie schon zuvor zur Zwangsarbeit für Junkers eingesetzt worden waren.

Die Häftlinge, die zuvor bei den Ausbauarbeiten in der Heimkehle arbeiten mussten, wurden in das Bauprojekt in Stempeda abgeschoben oder in andere Baulager innerhalb des späteren KZ-Komplexes Mittelbau-Dora verlegt.

Mit der Verselbständigung Mittelbau-Doras zum eigenständigen Konzentrationslager wurde das Außenlager Rottleberode administrativ dem KZ-Komplex Mittelbau zugeordnet. Laut einer Auflistung aller Häftlinge des Außenlagers, die wenige Tage später vorgenommen wurde, befanden sich zu diesem Zeitpunkt für die Bau- und Untertageverlagerungsprojekte A 5 (Rottleberode/Uftrungen) und B 4 (Rottleberode/Stempeda) insgesamt 845 Häftlinge im Außenlager Rottleberode.[17] Etwa zwei Drittel der Häftlinge stammte aus Polen und der Sowjetunion. Etwa 15 Prozent der Häftlinge stammte aus Frankreich. Im kleineren Umfang waren auch Häftlinge anderer Nationalitäten, wie tschechische und deutsche Häftlinge, im Lager. Jüdische Häftlinge waren zu diesem Zeitpunkt nicht in Rottleberode.

Die Zahl von 845 Häftlingen bezeichnete jedoch nur die Häftlinge, die auf den Baustellen von A 5 und B 4 eingesetzt waren. Weitere etwa 500 Häftlinge aus den Produktionskommandos wurden erst am 23. November 1944 in die Lagerstärke des KZ Mittelbau-Dora aufgenommen.[18]

Ende Januar 1945 erreichte ein Transport von etwa 450 jüdischen Häftlingen das Außenlager Rottleberode. Sie waren erst kurz zuvor aus Tschenstochau nach Mittelbau-Dora gekommen und in das Außenlager Rottleberode überstellt worden. Bis auf 50 sogenannte Facharbeiter wurden die jüdischen Häftlinge auf der Baustelle B4 zu schwerer körperlicher Arbeit im Stollenvortrieb eingesetzt. Die Mehrzahl der überstellten Häftlinge wurde kurz nach der Ankunft in das Außenlager Stempeda überstellt. Nach Aussagen Überlebender im Dachauer Dora-Prozess waren vor allem die jüdischen Häftlinge dort schweren Schikanen und Misshandlungen durch die SS und Funktionshäftlinge ausgeliefert.[19] Als Folge der Gewalt durch die SS und die schwere körperliche Arbeit stieg die Zahl der Toten ab Ende Januar 1945 stark an.

Kurz vor der Räumung befanden sich in den Lagern Rottleberode und Stempeda zusammen etwa 1500 Häftlinge, die wenige Tage später von der SS in zwei Räumungstransporten aus dem Südharz weggebracht wurden.[20]

Die Bewachung des Lagers

Die Verwaltung des Lagers lag in den Händen der SS. Lagerführer war zunächst der SS-Untersturmführer Heinz Grabowski, über den nur wenig bekannt ist. Er wurde im Herbst 1944 abgelöst und durch den SS-Hauptscharführer Erhard Brauny ersetzt. Brauny war bereits seit 1937 in

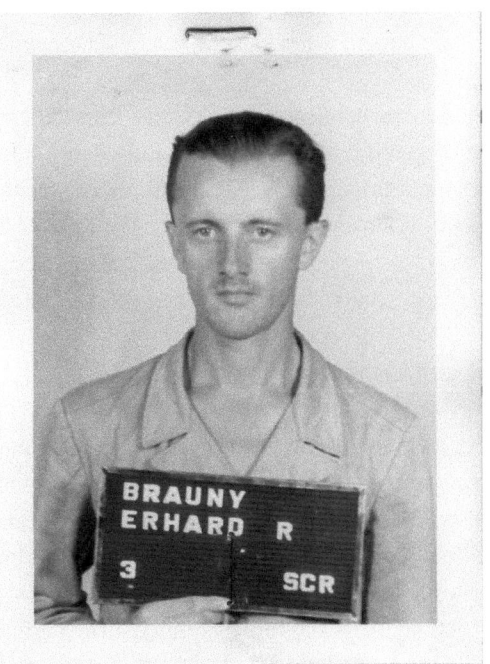

Abb. 3.5: Erhard Brauny, Juni 1947. NARA Washington

der Lager-SS des KZ Buchenwald und zwischenzeitlich für mehrere Monate in der Lager-SS des KZ Dachau. Seit September 1943 war er schließlich Rapportführer in Dora und dort verantwortlich für die langen und qualvollen Zählappelle und täglichen Stärkemeldungen. Im November 1944 übernahm er die Leitung des Außenlagers Rottleberode. Sein Stellvertreter war der SS-Unterscharführer Heinrich Lamp, der ab Januar 1945 die Leitung des Nebenlagers in Stempeda übernommen hatte. Nach den Aussagen Überlebender verschlechterten sich Bedingungen in Rottleberode mit Brauny und Lamp drastisch. Sie legten insbesondere gegenüber den jüdischen Häftlingen ein grausames Verhalten an den Tag. Es kam zu Übergriffen und Misshandlungen, an denen sich die SS, Funktionshäftlinge und zivile Vorarbeiter beteiligten.[21] Der Überlebende Boruch Seidel berichtete nach dem Krieg, dass SS-Männer zur Belustigung vor allem jüdische Häftlinge im Winter 1944/45 in das eiskalte Wasser eines Tümpels in der Nähe der Stolleneingänge in Stempeda getrieben haben. Auch kam es zu gewaltsamen Übergriffen bei den Arbeitsorten.[22]

Zur Außenbewachung des Lagers Rottleberode und zur Bewachung der Wege zu und von den Arbeitsstellen und der Arbeitsorte selbst, wurden Angehörige der Wehrmacht, überwiegend Luftwaffen-soldaten eingesetzt. Während die SS in Baracken in der Nähe des Lagers untergebracht war, schliefen die Wehrmachtsangehörigen in einem lokalen Gasthof.[23]

Nachkriegszeit und Erinnerung

In der Nachkriegszeit mussten sich nur wenige Täter aus Rottleberode vor Gericht verantworten. Zum größten Prozess aus der Nachkriegszeit gehörte der von den Alliierten geführte Dachauer Dora-Prozess von 1947. Insgesamt mussten sich dort 19 Angeklagte für Verbrechen, die in Mittelbau-Dora und seinen Außenlagern begangen wurden, verant-worten. Unter den 19 Angeklagten war auch drei Verantwortliche aus dem KZ-Außenlager Rottleberode, darunter Erhard Brauny, der SS-Sanitätsdienstgrad Johannes Maischein und ein Funktionshäftling. Sie wurden angeklagt, für die Misshandlung und Tötung von Häftlingen verantwortlich zu sein. Konkret wurde ihnen die Misshandlung vor allem jüdischer Häftlinge in Rottleberode und Stempeda zur Last gelegt sowie Verbrechen im Zuge der Räumungstransporte. Erhard Brauny wurde im

Zuge des Prozesses zu lebenslanger Haft verurteilt und verstarb 1950 im Gefängnis.

Abb. 3.6: Erhard Brauny bei der Verkündung des Urteils im Dachauer Dora-Prozess, 30.12.1947. NARA Washington

In den 1980er-Jahren wurde ein weiterer ehemaliger Funktionshäftling aus dem Außenlager Rottleberode angeklagt und aus Mangel an Beweisen freigesprochen. Gegen den Lagerleiter des Lagers in Stempeda, Heinrich Lamp, wurde zwar ein Ermittlungsverfahren eingeleitet, es kam jedoch nicht zur Gerichtsverhandlung. Weitere Verantwortliche für die Lager Rottleberode und Stempeda sowie für die Zwangsarbeit bei den Projekten A5 und B4 mussten sich nicht vor Gericht verantworten.

Von dem Außenlager Rottleberode ist heute nichts mehr zu sehen. Die Gebäude der Porzellanfabrik, in dem die Häftlinge untergebracht waren, wurde in den 1990er-Jahren abgerissen. Eine 2015 auf Initiative des Bündnisses „Sangerhausen bleibt bunt" errichtete

Informationstafel und ein Gedenkstein in der Nähe des ehemaligen Lager-Standortes erinnern jedoch heute noch an das KZ-Außenlager Rottleberode. Die Heimkehle-Höhle wird heute touristisch betrieben. Vor dem Eingang wurden 2005 ein Gedenkstein und eine Informationstafel errichtet.

Anmerkungen

[1] Vgl. Frank Baranowski, Rüstungsproduktion in der Mitte Deutschlands 1929-1945, 1. Aufl., Bad Langensalza 2012, S. 456.

[2] Vgl. Jens-Christian Wagner, Produktion des Todes. Das KZ Mittelbau-Dora, 3. Aufl., Göttingen 2015, S. 213.

[3] Karl, Semmler, Unveröffentlichter Erinnerungsbericht, o.D., KZ-Gedenkstätte Mittelbau-Dora, P1/Band 226, S. 3.

[4] Vgl. André Carré, Unveröffentlichter Erinnerungsbericht, o.D., KZ-Gedenkstätte Mittelbau-Dora, P1/Bd. 190, S.3.

[5] Karl Semmler, Unveröffentlichter Erinnerungsbericht, S. 4.

[6] Siehe den Beitrag von Philipp Kiosze in diesem Band.

[7] Vernehmung Amandus Weber, 29.10.1947, UNWCC, Trial against Arthur Kurt Andrae et al., Case Record, S. 5091. Die Verhandlungsmitschriften aus dem Dachauer Dora-Prozess von 1947 (offiziell: Trial against Arthur Kurt Andrae et al.) sind digitalisiert und in der ICC Legal Tools Database online abrufbar: https://www.legal-tools.org/, letzter Zugriff: 02.10.2024.

[8] Vgl. Frank Baranowski, Rüstungsproduktion in der Mitte Deutschlands 1929-1945, 1. Aufl., Bad Langensalza 2012, S. 456.

[9] André Carré, Unveröffentlichter Erinnerungsbericht, S. 3.

[10] Vgl. Transport von 100 Häftlingen vom Außenlager Rottleberode zum Baukommando Anhydrit, 27.07.1944 sowie Transport von 50 Häftlingen nach Mittelbau-Dora, 27.07.1944, Arolsen Archives, 1.1.5.1/5319925f..

[11] Vgl. Jens-Christian Wagner, Produktion, S. 213.

[12] André Carré, Unveröffentlichter Erinnerungsbericht, S. 2.

[13] Im ersten Stock waren die Bauhäftlinge aus Stempeda untergebracht. Im zweiten Stock waren die Unterkunftsräume für die Fertigungshäftlinge aus der Produktion in der Heimkehle.

[14] Jens-Christian Wagner, Rottleberode („Heinrich"), in: The United States Holocaust Memorial Museum (Hrsg.): Encyclopedia of Camps and Ghettos, 1933-1945, Vol. 1, Part B, Bloomington 2009, S. 997.

[15] Vgl. https://aussenlager.dora.de/l/de/detail/28, letzter Zugriff: 26.09.2024.

[16] Liste mit Funktionshäftlingen für das KZ-Außenlager Rottleberode, 13.03.1944, Arolsen Archives, 1.1.5.1/5319900.

[17] Verzeichnis der Häftlinge des KZ-Außenlagers Rottleberode (A5 und B4), 01.11.1944, Arolsen Archives, 1.1.27.1/2532095ff..

[18] Vgl. Jens-Christian Wagner, Rottleberode („Heinrich"), S. 997.

[19] Vgl. Aussage von Romuald Bak, 09.09.1947, UNWCC, Trial against Arthur Kurt Andrae et al., Case Record, S. 1405f. Ebenso: Aussage von Valentin Kovalij, 22.09.1947, UNWCC, Trial against Arthur Kurt Andrae et al., Case Record, S. 1916ff.

[20] Vgl. Joachim Neander, Das Konzentrationslager Mittelbau in der Endphase der NS-Diktatur, Clausthal-Zellerfeld 1997, S. 403. Siehe zudem den Beitrag von Andreas Froese in diesem Band.

[21] Jens-Christian Wagner, Produktion, S. 294f. und 347.

[22] Vgl. Aussage von Boruch Seidel, 15.08.1947, UNWCC, Trial against Arthur Kurt Andrae et al., Case Record, S. 483ff.

[23] Willy Mirbach/Gerd Halmanns, Damit du es später deinem Sohn einmal erzählen kannst...: der autobiographische Bericht eines Luftwaffensoldaten aus dem KZ Mittelbau (August 1944-Juli 1945), Geldern 1997 (Veröffentlichungen des Historischen Vereins für Geldern und Umgegend, Nr. 98), S. 100.

Quelle 4: Berichte von Zivilisten

Auszüge aus Erinnerungsberichten einiger Zivilisten zu den KZ-Außenlagern Rottleberode und Stempeda, angefertigt im Jahr 1963. Archiv Dora Inv. Nr. 03_03_00114.

Bericht von Anneliese Pflug (geb. Decker), Rat des Kreises, am 8.8.1963

Ich war als Sekretärin bei den Junkerswerken Dessau angestellt und bei der Bauleitung in Rottleberode/Heimkehle beschäftigt. Die Bauleitung war in dem ehemaligen Heimkehlenhotel untergebracht. Der Zutritt zu meiner Arbeitsstelle war mir nur durch einen Ausweis möglich. Mehrere Male hatte ich Zutritt zur Höhle und zu den Nebenstollen. Dazu erhielt ich einen Passierschein. Von Rottleberode kamen täglich 4–5 Eisenbahnwaggons. Darin waren stehend die Häftlinge eingepfercht. Ich schätze, daß es ca. 4–500 Häftlinge verschiedener Nationen waren, die zu jeder Schicht in der Heimkehle eintrafen.

In der Höhle wurde zweischichtig zu je 12 Stunden gearbeitet. Ich konnte wiederholt beobachten, wie durch SS-Leute Häftlinge mißhandelt und ermordet wurden. So gab es besonders einen SS-Posten, der mit Vorliebe seine abgerichteten Hunde auf die Häftlinge hetzte. Ich erlebte weiter, wie ein Häftling einen Fluchtversuch unternahm. Durch die SS-Posten wurde er angeschossen und blieb an dem Hang über der Heimkehle liegen. Durch die SS-Leute wurde er trotz seiner Verletzungen heruntergeworfen. Die Leiche blieb liegen. Ich machte dem SS-Kommandanten darüber Vorhaltungen und sagt ihm: Wenn er die Leiche nicht wegschaffen läßt, komme ich nicht mehr zur Arbeit.

In einem anderen Falle schlug der gleiche SS-Offizier einen Häftling. Als der Offizier in das Hotel kam, machte ich ihm Vorhaltungen, daß er sich wie ein Wilder benommen hätte. Einer der brutalsten SS-Offiziere war ein gewisser Grabowski. Er ist der Schwiegersohn des Bahnhofsvorstehers in Uftrungen.

Unsere Büroräume im Heimkehlenhotel wurden von einem jungen Polen, den wir Josef riefen, gereinigt. Dieser kam an einem Morgen sehr verstört zu mir und erzählte, daß er trotz Verbote eine Postkarte an seine Eltern geschrieben hätte und diese durch den 11-jährigen Sohn des Bauführers zur Post bringen lassen wollte. Die SS hätte das entdeckt. Diesen Josef habe ich dann nicht wieder gesehen. Ich habe nicht erfahren, was mit ihm geschehen ist. [...]

Bericht von Fritz Setzepfand, Kelbra, am 7.8.1963

Ein Teil der Häftlinge aus dem Lager Rottleberode arbeitete in Stempeda. Sie waren mit Stollenbau beschäftigt. In Stempeda waren vor allem 15–19 Jahre alte jüdische Häftlinge. Aus geringsten Anlässen wurden sie von der SS und auch von den Kapos grauenhaft behandelt. So wurden Häftlinge so lange in Wasser getaucht, bis sie erstickt waren. Ich kann mich noch erinnern, wie ein SS-Offizier sagte: „Wieviel haben wir noch von den 500 Jungen. Fort mit dem Kroppzeug."

Bei den Wachmannschaften befanden sich Menschen, die russisch sprachen und wahrscheinlich zu den Wlassow-Truppen gehörten.[1]

Bericht von Hubert Übner, Sangerhausen, am 8.8.1963

Gen[osse] Übner ist aus Stempeda gebürtig und wohnte während der Nazijahre in diesem Ort. Er war zu damaliger Zeit (1944/45)

---

[1] Die Wlassow-Truppen oder Russische Befreiungsarmee waren ein russischer Verband, der im Zweiten Weltkrieg auf deutscher Seite kämpfte.

15 Jahre alt und kennt aus eigener Anschauung folgende Vorgänge: „Das Lager der Häftlinge befand sich im Fabrikgelände der Fa-Schuck in Rottleberode. Mitte 1944 wurde ein weiteres Lager unmittelbar neben den Stolleneingängen in Stempeda eingerichtet. In diesem Teillager, das aus mehreren Baracken bestand, die heute vom Forstwirtschaftsbetrieb genutzt werden, befanden sich meines Wissens ca. 100 jüdische Häftlinge. Mitte 1944 kamen jede Nacht zu Fuß Häftlinge von Constein bei Nordhausen nach Stempeda und arbeiteten tagsüber in den Stollen. Diese Häftlinge mußten Nacht für Nacht ca. 45 km Fußmarsch zurücklegen. [...]

Täglich marschierten ca. 250 Häftlinge vom Lager Rottleberode bis zur Arbeitsstelle in Stempeda. Beim Marsch ins Lager mußte jeder Häftling einen großen Stein tragen. Ich war Augenzeuge, wie ein junger Häftling aus seinen zu großen Holzschuhen rutschte. Als dieser einen Schritt aus der Marschkolonne trat, um sie wieder anzuziehen, wurde er von der SS erschossen. Ein anderer Häftling hatte wegen der großen Kälte einen dünnen Mantel angezogen. Als die SS das merkten, wurde ein Loch durch das Eis in die See gehackt und der Häftling solange in Eiswasser getaucht, bis er völlig ein Eisklumpen und tot war. In einem Zementkarren wurden fast täglich Tote und totkranke Häftlinge von Stempeda nach dem Lager in Rottleberode transportiert. Was mit ihnen weiter geschehen ist, kann ich nicht sagen. [...]

Das „Thyra-Werk" in der Heimkehle bei Rottleberode

Frank Baranowski

Vom 20. bis zum 26. Februar 1944 flogen die Bomberverbände der Westalliierten massive und gezielte Angriffe auf die deutschen Flugzeugwerke. Die starke Beschädigung der Werke löste hektische Aktivität bei den deutschen Führungsspitzen aus. Bereits am 1. März 1944 richteten die Luftwaffe und das Rüstungsministerium ein interministerielles Gremium ein, den „Jägerstab", welches umfangreiche Befugnisse erhielt, um die deutsche Flugzeugproduktion wieder-aufzubauen und zu hohen Produktionsziffern zu verhelfen.[1] Das Gremium war zusammengesetzt aus Vertretern des Rüstungs-ministeriums, des Reichsluftfahrtministeriums (RLM), der SS und weiteren Behördenvertretern. Göring bestätigte die Einrichtung des Gremiums per Erlass drei Tage später und einen weiteren Tag später stimmte auch Hitler der Einrichtung zu. Die Führung des Gremiums lag in den Händen des Rüstungsministeriums in Person von Karl Otto Saur. Jedoch beruhte auch der Jägerstab, wie der Großteil der Arbeit des Rüstungsministeriums, auf einer engen Kooperation mit der Rüstungsindustrie, die viele der konkreten Vorschläge einbrachte. Die Entscheidungsgewalt blieb aber in den Händen Saurs. Eine zentrale Aufgabe des Gremiums war es, die wichtigsten Produktionsstätten zu dezentralisieren und bestenfalls in unterirdische Stollenanlagen, Eisenbahntunnel oder Höhlen zu verlegen.[2]

Schon Monate zuvor arbeitete der im November 1943 vom Reichsluftfahrtministerium eingerichtete „Sonderstab Höhlenbau" an konkreten Plänen zur Verbringung von wichtigen Unternehmen der Flugzeugindustrie nach unter Tage.[3] Einen Monat später begannen das Rüstungsministerium und das RLM ihre Arbeiten auf dem Gebiet der

Untertageverlagerung zu koordinieren, wobei das Rüstungsministerium die Richtlinienkompetenz beanspruchte und sich letztlich auch behauptete. Am 21. Februar 1944 richtete das Amt Bau den „Arbeitsstab für die unterirdische Verlagerung" (Arbeitsstab U) ein, der neben Vertretern des Rüstungsministeriums und der Luftwaffe auch solche der SS umfasste.[4] So konnte der Jägerstab auf umfangreiche Vorplanungen zurückgreifen, insbesondere auf eine vom „Arbeitsstab U" am 24. Februar 1944 erstellte Liste von möglichen Verlagerungsstandorten und Rüstungsfirmen. Anfang März sahen die Planungen des Jägerstabs 103 Untertageprojekte vor.[5]

Lange vor der Gründung des Jägerstabs sahen die großherrlichen Planungen des Flugzeugbauers Junkers vor, seine Produktionsstätten für die Herstellung von kriegswichtigen Kampf-bombern vor Luftangriffen geschützt, wenn auch nicht unterirdisch, dann aber zumindest dezentral, unterzubringen.[6] So entstanden neben vielen anderen auch zahlreiche Verlagerungsstätten im Umkreis von bis zu 50 Kilometern um Nordhausen. Ab Frühjahr 1944 lagerte der Konzern zahlreiche seiner Abteilungen etwa nach Bad Langensalza („Langen-werke"), Niederorschel[7] und Mühlhausen („Mühlenwerke") in Thüringen in oberirdische Produktionsstätten aus.[8] Dabei handelte es sich zumeist um beschlagnahmte Fabrikanlagen, die zu diesem Zweck stillgelegt und mit Hilfe von KZ-Häftlingen ausgebaut und später auch von Ihnen betrieben wurden. Doch damit war der Platzbedarf des Flugzeugbauers nicht annähernd gedeckt. Die oberirdische Dezentralisierung sollte nur der erste Schritt sein, bis hinreichend unterirdischer Produktionsraum geschaffen war.

Im April 1944 war allein für den Junkers-Motorenbau eine Untertagefläche von 393.000 m^2 fest verplant, davon entfielen 60.000 m^2 auf das Mittelwerk, 320.000 m^2 auf den Ausbau Mitte mit Anhydrit B 3 und letztlich das Kleinstprojekt in Braunsdorf mit 13.000 m^2. Gleichermaßen sollten die Zellenwerke vor Luftangriffen geschützt untergebracht werden. Sieben Standorte sah der Jägerstab für Junkers für den Motorenbau vor, allein vier mit einer Gesamtfläche von fast 370.000 m^2 im Harz. Neben der bereits im März 1944 zugeteilten Heimkehle bei Rottleberode waren der Thekenberg bei Halberstadt

(50.000 m²; Bauvorhaben „Malachit") und diverse Champignonhöhlen im Umkreis der Stadt (Bauvorhaben „Makrele I und II") für die Produktion von Flugzeugrümpfen bestimmt.[9] Zudem hoffte der „Jägerstab", im Kohnstein die im Herbst 1943 stillgelegte Wifo-Erweiterung des „C"-Stollens wieder in Gang zu bringen und durch den Ausbau zusätzlich 250.000 m² Produktionsraum für den Zellenbau zu gewinnen (Bauvorhaben B 12).[10] Weitere Junkers-Untertagewerke mit einer Gesamtfläche von 42.000 m² waren im Salzlandkreis im Bau, in den Kaliwerken Aschersleben (Schächte IV und V, Decknamen „Maikäfer" und „Maus") und Westeregeln (Schacht IV, Tarthun, Deckname „Maulwurf").[11]

In Teilen nahm Junkers Anfang 1945 sogar noch den Produktionsbetrieb im Kaliwerk Westeregeln auf. Der Verlagerungsbetrieb für das Junkers-Werk Schönebeck ließ dort unter dem Decknamen „Salzwerke Westeregeln GmbH" auf einer Fläche von 16.000 m² Rumpfteile montieren, unter Einsatz von Zwangsarbeitern des werkseignen Buchenwalder KZ-Außenlagers. Die Existenz dieses Lagers lässt sich erstmals am 17. Oktober 1944 belegen. Zunächst betrug die Stärke 50 männliche Häftlinge, die bereits Ende Dezember 1944/Anfang Januar 1945 nach und nach anstieg und gegen Ende des Krieges die Höchststärke von 575 Häftlingen erreichte. In den Schächten der Aschersleber Vororte Großschierstedt und Zörnitz brachte Junkers Teile seiner Zuschneiderei, der Zerspanung und des Elementebaus unter. Unter dem Junkers-Dach waren die „Salzwerke Westeregeln", das in die Heimkehle ausgelagerte Zweigwerk, der Schönebecker Zweigbetrieb und die Mühlenwerke AG in Mühlhausen wirtschaftlich eng verflochten.[12]

Im April 1944 musste die Mittelwerk GmbH teilweise mit ihrer Produktion von Raketen weichen und den nördlichen Teil des ehemaligen Wifo-Tanklagers für eine „Stärkung der Jägerwaffe" freimachen. In den Querstollen 1 bis 20 und den zugehörigen Abschnitten der Fahrstollen A und B richtete Junkers nach und nach einzelne Abteilungen seiner Motorenwerke Köthen, Leipzig und Magdeburg ein. Im Endausbau verfügte der Flugzeugbauer dort über etwa 40.000 m² an Stollenfläche und damit weitaus weniger als zunächst erhofft.[13] Die Transport- und Bauarbeiten zur Räumung durch das

Mittelwerk und der Herrichtung der Stollen verrichteten Häftlinge des Lagers Dora.[14] Ende April 1944 legte der Chef der Mittelwerk GmbH, Albin Sawatzki, ein Konzept vor, das den geänderten Verhältnissen Rechnung trug. Die Fläche für die Raketenproduktion war von etwas über 100.000 auf ca. 60.000 m^2 reduziert. Aus Geheimhaltungsgründen trat der Junkers-Verlagerungsbetrieb einheitlich zusammengefasst unter dem Decknamen Nordwerke AG auf. Bis Mitte Juni 1944 zog der Flugzeugbauer seine Maschinen für die Herstellung von Großteilen aus Magdeburg und Köthen ab. Insgesamt fanden 2.180 dieser Maschinen Aufstellung im „Mittelraum", davon allein 707 im Kohnstein (Stollen-anlage „Hydra"). Spätestens seit August 1944 stellte Junkers dort Strahltriebwerke für die Me 262 und den 12-Zylinder-Motor Jumo 213 her.[15]

Die von Junkers im Kohnstein nach und nach belegten 40 ha reichten aber bei Weitem nicht aus, um die steigenden Verluste von Kampfflugzeugen auszugleichen oder gar den Anforderungen im letzten Kriegsjahr zu genügen. Darauf stellte sich die Nordwerke AG vorausschauend ein und sicherte sich zusätzlichen Fabrikraum im „Sperrkreis Mittelbau".[16] Noch 1944 vereinnahmte der Flugzeugbauer die Natron-, Zellstoff- und Papierfabrik in Oker, die Ilfelder Parkettfabrik Heinrich Rudolph sowie die beiden Gipsfabriken Karl Würth (Ellrich) und Kaselitz (Ilfeld). Bei der Porzellanfabrik Lindner in Jecha bei Sondershausen fand die Abteilung Werkzeugbau Unterschlupf. Die Steingutfabrik Carstens in Greußen und die dortige Zuckerfabrik dienten als Materiallager. Eine weitere Abteilung mit – im Dezember 1944 – 80 Beschäftigten, darunter 38 Ausländer, kam in Osterode am Harz unter, möglicherweise in Fabrikräumen der dortigen Firma Kellermann.[17] Die Nordwerke AG entwickelte sich binnen kürzester Zeit zum mächtigsten Arbeitgeber der Region. Im Dezember 1944 beschäftigte sie allein in ihren Produktionsbereichen im Kohnstein 8.604 Personen, 5.400 von ihnen Ausländer, etwa zu drei Vierteln Männer. Anfang 1945 dürfte ihre Zahl noch höher gelegen haben, wie eine Bevölkerungsübersicht vom 1. März 1945 nahelegt. Sie weist allein für den Stadtbereich Nordhausen 6.000 bei Junkers tätige Ausländer aus.[18]

Junkers nimmt die Heimkehle in Beschlag

Junkers verfolgte mit der Errichtung von Untertagefabriken im Südharz eine strategische Zielsetzung, die darauf abzielte, langfristig Rüstungswerke unter der Erde zu etablieren, die kriegswichtige Produktionsstätten vor Luftangriffen schützen sollten. Davon war aber nicht nur der Motoren- sondern auch der Zellenbau betroffen. So sahen die Planungen neben den Junkers-Großbauprojekten in der Region auch das stillgelegte Kaliwerk Neusollstedt sowie die Heimkehle für die Produktion von Flugzeugkomponenten vor. Während das Projekt in Neusollstedt letztlich aufgegeben wurde, machten die Planungen für das Verlagerungsprojekt in der Heimkehle rasche Fortschritte.[19] Schon am 1. Februar 1944, also noch vor Gründung des Jägerstabs, wies das Reichsluftfahrtministerium den Junkers-Werken die Heimkehle mit einer avisierten Fläche von 10.000 m² als zusätzlichen Verlagerungsstandort zu.[20] Gleichzeitig erging an Junkers die Aufforderung, dem von Göring eingerichteten Sonderstab „Höhlenbau" innerhalb von 14 Tagen, also bis spätestens zum 15. Februar 1944, die notwendigen Bau- und Planungsunterlagen vorzulegen.[21] Dies ist auch der Grund dafür, dass die Naturhöhle in einer Aufstellung des Jägerstabs vom 12. März 1944 bereits als Verlagerungsprojekt A5 mit einer geplanten Nutzfläche von 3.000 m² ausgewiesen ist. Am 24. März 1944 erteilte das RLM den Verlegungsvorbescheid für die Errichtung eines Presswerks in der Heimkehle als schnelle Lösung zur Schaffung unterirdischen Produktionsraums.[22]

Am 13. März 1944, obwohl die offizielle Entscheidung zu diesem Zeitpunkt noch nicht gefallen war, begann Junkers mit dem Ausbau der für militärische Zwecke gesperrten Heimkehle. Schon drei Tage vorher, am 10. März 1944, belegten Mitarbeiter des SS-Führungsstabes zwei Büroräume im Landhaus vor der Höhle mit Beschlag.[23] Sie bereiteten offenbar die Ankunft des ersten Transportes von 200 aus Buchenwald abgeordnete Häftlinge vor, die vermutlich am 13. oder 14. April 1944 in Uftrungen eintrafen.[24] Unter ihnen die Funktionshäftlinge des neu gegründeten Außenlagers, wie der erste Lagerkapo Hubert Hagen (Haft-Nr. 4711), der Lagerschreiber und später zum Lagerkapo ernannte

Walter Ulbricht,[25] der Verwaltungsschreiber Richard Schraven (Haft-Nr. 6036) sowie der Häftlingsarzt Josef Robert (Haft-Nr. 38802) und an seiner Seite der Pfleger Karl Reuter (Haft-Nr. 3606). Mit dem ersten Transport, der sich überwiegend aus polnischen und politischen Häftlingen zusammensetzte, kamen auch die lagereigenen Schneider, Friseure und Köche sowie die Vorarbeiter Winand Stang (Haft-Nr. 5095),[26] Bruno Seidel (Haft-Nr. 8156) und Daniel Friederes (Haft-Nr. 5324) nach Rottleberode. Genauso wie Hagen und Ulbricht trugen die drei letztgenannten den grünen Winkel als „BV-ler" (Berufsverbrecher).[27]

Abb. 4.1: Sprengungsarbeiten zur Einrichtung eines Luftschachtes zur Belüftung der Fertigungshallen in der Heimkehle. Repro: Frank Baraknowski

Als erste Maßnahme des Transports vom 13. März 1944 sperrten die Häftlinge das Vorgelände zu einem Bauplatz ab. Der kleine gepflegte See vor dem Hotel musste weichen, um Platz für eine Verladerampe zu schaffen. Für die Anlieferung von Baumaterialien und Maschinen ließ der Junkers-Baustab eine Eisenbahnlinie bis zur Höhle errichten.[28] Anfang April und im Mai 1944 ergänzten zwei weitere Transporte mit zusammen 350 Personen den Häftlings-Bautrupp. Bis zu 600 Häftlinge führten in den folgenden Wochen in der Heimkehle bergbauliche Arbeiten durch. Sie trieben Zugangs- und Entlüftungsstollen in den Berg (Abb. 4.1). Zudem waren die Höhlenseen im „Kleinen" und „Großen Dom" zu verfüllen und anschließend zu planieren. Ebenso setzten die Häftlinge Betonstützwände und Pfeiler zum Abfangen der Decken, sodass der ursprüngliche Charakter der seit 1920 für den Tourismus erschlossenen Schauhöhle nahezu vollständig zerstört wurde. An den Höhlenwänden waren Starkstrom- und Lichtleitungen zu verlegen. Auf den neu geschaffenen Betonböden ließ Junkers Baracken im „Großen Dom" (25 x 30 m), im „Kleinen Dom" (25 x 25 m) und kleinere Holzverschläge zum Schutz der Maschinen im „Riesentunnel", der „Wilden Seehalle" und der „Bergschmiede" aufstellen. Um die Höhle als untertägige Produktionsstätte überhaupt nutzen zu können, waren mächtige Pumpenanlagen zur Ableitung des Wassers nach außen im dauerhaften Einsatz.[29]

Das Bauvorhaben trug den Decknamen „Heller", teils ergänzt um die Nummer ‚406',[30] während die SS für das gleiche Projekt das Kürzel „A 5" verwendete. Die Planung zu Errichtung des Thyra-Werkes stammte aus der Feder des Architekten Werner Issel, der nicht nur für das Werk in der Heimkehle verantwortlich zeichnete, sondern auch für die Junkers-Untertagebauprojekte in den Kaliwerken Aschersleben (Projekt „Maus") und Tarthun (Projekt „Maulwurf").[31] Eine interne Mitteilung der Junkers-Bauabteilung an die konzerneigene Rechtsabteilung vom 3. Mai 1944 hält fest, dass die Bauarbeiten zu dem Zeitpunkt noch voll im Gange waren.[32] Die Arbeit auf der Baustelle war, verglichen mit den anderen KZ-Baukommandos, kräftezehrend. Wie erschöpfend die Arbeit und ihre Bedingungen auf der Baustelle waren, zeigt sich daran, dass die SS mehrfach Häftlinge wegen völliger

Entkräftung zurück ins Stammlager nach Buchenwald überstellte. Darunter fünf Häftlinge, die am 15. April 1944, also schon wenige Wochen nach Ankunft in Rottleberode, im Buchenwalder Häftlingskrankenbau Aufnahme fanden. Ein weiterer Mithäftling wurde tot eingeliefert.[33] Am 21. Mai 1944 ließ das SS-Kommando A5 vier weitere Häftlinge in den Revierkrankenbau einweisen. Weitere 11 Häftlinge stufte die SS als untauglich für das Arbeitskommando A5 ein. Auch sie kehrten ins Stammlager zurück.[34] Am 30. Juni 1944 schob die SS weitere zehn ihrer Bauhäftlinge ab.[35]

Abb. 4.2: Ansicht eines Gebäudetraktes der Porzellanfabrik Max Schuck aus der Zeit nach dem Ende des Krieges. Repro: Frank Baranowski

Für die Unterkünfte der Häftlinge richtete die SS in den Räumen der zuvor bereits brachliegenden Porzellanfabrik Max Schuck am Ortsrand von Rottleberode ein Häftlingslager ein. Zu diesem Zweck pachtete Junkers das ungenutzte Gebäude von dem Inhaber Schuck zur „Einrichtung als KZ-Lager zur Fertigung für Objekt Nr. 406 Heller" an.[36]

Im Erdgeschoss befanden sich Küche, Wasch- und Abstellräume, in den beiden Obergeschossen die Häftlingsunterkünfte (Abb. 4.2). „Es ist ein großer, mehrstöckiger Steinbau in dem früher einmal eine Fabrik betrieben wurde", erinnert sich ein ehemaliger Aufseher, der Luftwaffensoldat Willy Mirbach.

„Mit der Rückseite grenzt das Gebäude, durch einen Hof getrennt, an eine steile Felswand von etwa fünfzehn bis zwanzig Meter Höhe, und oben auf der Felswand steht ein Wachturm von etwa zehn Meter Höhe, ringsum mit Glas geschlossen und einem Scheinwerfer eingebaut. Außerdem stehen an den vier Ecken des Lagers noch Wachtürme, die jedoch nur einige Meter hoch und ringsum offen sind. Auch dieses Lager ist mit einem elektrischen Zaun [...] gesichert. [...] An der linken Kopfseite des Lagerzauns befindet sich das Eingangstor, stark mit Stacheldraht gesichert und einem Posten mit Gewehr davor".[37]

Die Schreibstube brachte die SS im requirierten Wohnhaus der Familie Schuck unter.[38]

Austausch der Bauhäftlinge

Ende Juli 1944 waren die unterirdischen Werkhallen in der Heimkehle hergerichtet, sodass der Einbau der Produktionsanlagen begann. Die Kosten für Ausbau und Einrichtung der Flugzeugfabrik in der Heimkehle beliefen sich auf etwa 2,6 Millionen RM, die das Reich trug.[39] Allein für die Unterhaltung des KZ-Lagers in Rottleberode forderte Junkers von der Staatskasse 16.640,30 RM. Weiterhin stellte der Flugzeugbauer die an die SS gezahlten „Nutzungsentgelte" für die beschäftigten Bau-Häftlinge mit 177.600 RM in Rechnung. Für Häftlingstransporte vom Lager zur Baustelle brachte die Reichsbahn gegenüber Junkers 13.674 RM in Ansatz, die sich der Konzern ebenfalls vom Reich erstatten ließ. Insgesamt waren es „Aufwendungen" von 207.940,30 RM für die beim Ausbau der Heimkehle zwangsrekrutierten KZ-Arbeiter, die mit in die Gesamtbaukosten einflossen.[40] Nach Beendigung der Arbeiten und

Inbetriebnahme des Junkers-Werkes schob die SS die völlig ausgemergelten und für die Produktion nicht infrage kommenden Häftlinge des Baukommandos auf andere Baustellen im „Mittelraum" ab, u. a. am 24. Juli 1944 zum Junkers-Untertagebauprojekt B 3 in Woffleben bei Nordhausen.[41]

Abb. 4.3: Eines der Mundlöcher der Anlage bei Stempeda. Insgesamt wurden drei Zugänge angelegt, die heute allesamt verschlossen sind. Es wurden kleine Fenster offengelassen, die es Fledermäusen ermöglichen, die Stollen als Unterschlupf zu nutzen. Repro: Frank Baranowski

Die meisten zuvor in der Heimkehle tätigen Bauhäftlinge aber wechselten von dort auf die nur wenige Kilometer entfernt befindliche und im Aufbau befindliche Untertagebaustelle bei Stempeda (Lava, Deckname B 4). Dort sollte für Junkers zum Zwecke der Verlagerung des Presswerkes aus Dessau ein weiteres Stollensystem in den Berg getrieben werden (Abb. 4.3). Im Sommer 1944 entstand bei Junkers der Plan, das dem Zellenbau dienende Presswerk aus Schönebeck in die Nähe des Thyra-Werkes nach Stempeda (Projekt B 4) zu verlegen.[42] Drei Hauptstollen und sieben Querstollen und eine Produktionsfläche von

14.000 m^2 wurden projektiert; der Bau begann im Sommer 1944.[43] Am 25. August 1944 waren erstmals 50 KZ-Häftlinge aus dem Außenlager Rottleberode auf der Baustelle eingesetzt, nach wenigen Tagen waren es durchschnittlich 300.[44] Anfangs waren die in Stempeda beim Stollenvortrieb zwangsrekrutierten Arbeitskräfte noch zusammen mit den Junkers-Produktionshäftlingen in den Gebäuden der Porzellanfabrik Schuck, dem Lager „Heinrich", untergebracht.[45] Die schon von der Schwerstarbeit zermürbten Häftlinge mussten täglich die drei Kilometer von Rottleberode nach Stempeda und zurück zu Fuß zurücklegen,[46] ungeachtet ihrer körperlichen Verfassung. Berichtet wird, dass im Spätherbst die Wege derart aufgeweicht waren, dass die Häftlinge mit ihren viel zu weiten, vollgesogenen Segeltuchgaloschen immer wieder im Schlamm stecken blieben.[47] Letzten Endes nahmen sie auch bei extremster Witterung das ungeeignete Schuhwerk in die Hand und gingen barfuß weiter, was die Erkrankungsgefahr noch erhöhte. „Die Kleidung der Häftlinge war dünn und sie froren jämmerlich", heißt es in den Erinnerungen des Luftwaffensoldaten Willy Mirbach: „Es war ein Bild des Jammers, wenn man sah, wie die Häftlinge mit blauen Lippen und eingezogenem Kopf zur Arbeit gehen mussten."[48]

Von März bis November 1944 war SS-Sturmführer Heinz Grabowski Lagerführer. Ihm folgte SS-Scharführer Erhard Brauny, der diese Funktion seit dem 20. November übernahm.[49] An seiner Seite stand als stellvertretender SS-Unterscharführer Hermann Lamp, der ab Februar 1945 als Lagerführer in das Dora-Nebenlager Stempeda (B 4) wechselte. An ihrer Seite standen Paul Maischein und SS-Sturmmann Kaschinski als medizinisches Personal.[50] Der 1904 als Kind einer Arbeiterfamilie im schlesischem Hindenburg geborene Karl Paul Semmler war Funktionshäftling und Lagerkapo (Abb. 4.4). Wegen des „Verdachts kommunistischer Betätigung" verhaftet, kam er Anfang April 1938 als KZ-Häftling in das KZ Buchenwald. Ende März überstellte die SS ihn in das Außenlager Wernigerode im Harz und übernahm dort bereits einen der beiden Kapo-Posten im Lager am Veckenstedter Weg (Außenkommando der Rautal-Werke).[51] Im Dezember 1944 wechselte er in das Außenlager Rottleberode. Durch seinen Kontakt zum Lagerkommandanten, den er bereits aus Buchenwald und Wernigerode kannte, nahm er auch dort die Stellung als Kapo des Kommandos mit bis zu 900 KZ-Gefangenen ein.[52] Der Erinnerungsbericht von Semmler, den er 1970 verfasste, gibt in Teilen Aufschluss über die Bedingungen im Lager ‚Heinrich' und dem ‚Thyra-Werk', auch wenn seine Angaben zu hinterfragen und inhaltlich zu werten sind.[53]

Abb. 4.4: Porträtaufnahme des Häftlings Karl Semmler. Nachdem er in Buchenwald und Wernigerode inhaftiert war, kam er 1944 nach Rottleberode. Er war überzeugter Kommunist und nutze seine Kapo-Position, um politischen Genossen Vorteile zu verschaffen. Repro: Frank Baranowski

Auf der zum KZ-Lager Rottleberode gegenüberliegenden Straßenseite befand sich das großangelegte, 20 Baracken umfassende Lager „Waldschlösschen", in dem Zwangsarbeiter der Werkzeug- und Maschinenfabrik Stock & Co. untergebracht waren (Abb. 4.5 und 4.6). Im Thyratal gelegen, stellte die Firma Hülsen für 8,8-cm-Panzer-sprenggranaten her (Abb. 4.7). Das Lager stand mit dem KZ-Außenkommando in keinem Zusammenhang, doch hatten die dortigen Insassen direkten Einblick auf das KZ-Lager.[54] Der französische Stock-Arbeiter Victor Mouillec erinnert sich:

„Am 22. November 1944 wurden wir mit den Russen im Lager Rottleberode zusammengelegt, gleich gegenüber dem Lager für jüdische und politische Häftlinge. Von dort beobachteten wir die Grausamkeiten, die Appelle um 4:00 Uhr morgens [...], den Abtransport nach Dora [gemeint ist die Baustelle Stempeda], die Rückkehr am Abend, die Wagen randvoll mit Leichen."[55]

Bei den Lagerinsassen war das Arbeitskommando B 4 wegen der mörderischen Arbeitsbedingungen im Stollenvortrieb besonders gefürchtet.

Insbesondere die 400 im Januar 1945 aus dem polnischen Tschenstochau über Buchenwald und Dora nach Stempeda evakuierten Arbeitssklaven waren zusätzlich noch Misshandlungen ausgesetzt.[56] Einige von ihnen sollen während der Arbeit derart geprügelt worden sein, dass sie den Verletzungen erlagen. SS-Angehörige besaßen auch den Sadismus, als antisemitische Repressalie jüdische Häftlinge mitten im Winter in den vor den Stolleneingängen angestauten Krebsbach zu treiben. Dokumentiert ist das Schicksal eines jüdischen Häftlings, der sich krank gefühlt und daher während der Arbeit sein KZ-Mäntelchen angelassen hatte. Einer der SS-Offiziere ließ ihn zur Strafe ein Loch in den Stautümpel hacken und von zwei SS-Posten so lange ins Wasser tauchen, bis er erfroren war.[57] Berichtet wird, dass auch Kapos im Stollen Häftlinge erschlugen oder vor beladene Loren warfen, sodass sie überrollt wurden.[58]

Abb. 4.5: Blick auf das Fremdarbeiterlager aus südwestlicher Richtung. Das Barackenlager befand sich am Nordausgang des Ortes und hatte eine Kapazität von 3.000 Personen. Frauen und Männer waren in den Räumlichkeiten gefangen gehalten. Repro: Frank Baranowski

Abb. 4.6: Eine weitere Ansicht auf das Lager aus nordwestlicher Richtung. Nach dem Kriegsende wurden Vertriebene aus den Ostgebieten und Obdachlose aus den zerbombten Städten in den Baracken vorübergehend untergebracht. Heute ist von den Gebäuden nichts mehr erhalten. Repro: Frank Baranowski

Abb. 4.7: Foto der Endfertigung von 8,8-cm-Panzersprenggranaten in der Maschinenfabrik Stock & Co. In der Produktion wurden hauptsächlich die Frauen und Männer eingesetzt, die in dem Fremdarbeiterlager untergebracht waren. Repro: Frank Baranowski

Aber auch für die Junkers-Bauhäftlinge gab es keine Gewissheit, nicht doch noch in eines der berüchtigten Baukommandos abgeschoben zu werden. Am 9. Oktober 1944 meldete das SS-Kommando Rottleberode die Überstellung eines polnischen Fertigungshäftlings wegen Werksuntauglichkeit zum Bausektor. Einen Leidensgenossen von ihm überstellte die Lagerleitung dem Buchenwalder Häftlingskrankenrevier wegen des TBC-Verdachts. Im Austausch wechselten zwei polnische Häftlinge, ein Schlosser und Techniker, aus dem Bausektor in die Produktion von Flugzeugteilen im Thyra-Werk. Offenbar eine eigenmächtige Entscheidung. Die Regionallagerleitung bat in Buchenwald im Nachhinein um Genehmigung.[59]

Abb. 4.8: Häftlinge aus dem KZ Rottleberode, vermutlich auf dem Weg zum Essenfassen. Die Aufnahme entstand höchstwahrscheinlich in Uftrungen, eine genauere Verortung gelang bisher nicht. Repro: Frank Baranowski

Bis Ende 1944 war die Zahl der Insassen im Lager „Heinrich" durch die Zuführung von weiteren KZ-Arbeitssklaven auf 900 Personen gewachsen, sodass Junkers nicht mehr bereit war, für Unterkunft und Verpflegung der weiterhin in der ehemaligen Porzellanfabrik untergebrachten Bauhäftlinge des Arbeitskommandos B 4 aufzukommen. Der Konzern drängte, ihm diese „unproduktiven" Arbeitskräfte abzunehmen. Anfang 1945 verlegte die SS-Bauleitung offenbar einen Teil der Bauhäftlinge mit KZ-Status in ein eigens für sie eingerichtetes Barackenlager in der Nähe der Baustelle B 4 in Stempeda. Die Zuweisung von 400 weiteren Häftlingen aus dem polnischen Tschenstochau führte dazu, dass das Lager Stempeda, das seit Anfang Februar 1945 ein offizielles Außenlager des KZ Mittelbau-Dora war, wahrscheinlich nicht mehr ausreichend Platz für alle Insassen bot. Daher verblieben weiterhin Bauhäftlinge im Lager „Heinrich" und mussten die etwa vier Kilometer lange Strecke zur Baustelle weiterhin zu Fuß zurücklegen.[60] Am 22. März 1945 verließen weitere 25 Häftlinge das Konzentrationslager Mittelbau in Richtung Rottleberode.[61]

Produktionsbeginn in der Heimkehle

Am 26. Juli 1944 forderte Junkers erstmalig Häftlinge für die Produktion seines Thyra-Werkes, nach dem in unmittelbarer Nähe verlaufenden Harzflüsschen Thyra benannt, an. Die Häftlinge arbeiteten in zwei Schichten zu je 12 Stunden und marschierten anfangs noch zu Fuß zur Arbeitsstelle (Abb. 4.8). Um Arbeitsausfälle der für die Produktion angelernten Kräfte und Facharbeiter durch den langen Anmarsch vom Lager in Rottleberode zur Arbeitsstätte in der Heimkehle zu vermindern, verlangte Junkers den Bau eines provisorischen Eisenbahn-Haltpunktes an der Heimkehle. Bis November 1944 rechnete die Reichsbahn die Transportkosten auf der Grundlage geschätzter Häftlingszahlen ab, doch stieß dies auf Widerstand des Flugzeugbauers. Dies war auch Thema einer Besprechung der kaufmännischen Betriebsleiter der Verlagerungs-betriebe, die am 11. November 1944 in Schönebeck stattfand. Die Besprechungsniederschrift hält zum Thyra-Werk fest:

„Zur Intensivierung der Arbeitsleistungen der im Wareneingang eingesetzten Häftlinge ist ein zweiter Kapo einzusetzen. [...] Die Reichsbahn belastet uns für den Transport der Häftlinge vom Lager zum Betrieb und zurück mit Beträgen, die sich aus geschätzten Zahlen zusammensetzen."[62]

Mitte August 1944 lief die Produktion von Fahrwerken und Zubehörteilen für Flugzeugrümpfe langsam an, wenngleich noch nicht alle Maschinen installiert waren. Junkers lag damit aber im Rahmen des im April 1944 aufgestellten Zeitplans, wonach im August des Jahres 1.800 m² und im Folgemonat sämtliche vorgesehenen 3.000 m² nutzbar sein sollten. Die Junkers-Planungen sahen allerdings zunächst eine andere Belegung vor, doch reichte der Platz in der requirierten Kammgarnspinnerei Thuringia in Mühlhausen, einem weiteren dezentralen Verlagerungsstandort, nicht aus. Dort fanden nur der aus Schönebeck verlagerte Werkzeugbau (Herstellung von Vorrichtungen, Schneide- und Messwerkzeugen) und das Presswerk (Anfertigung kompletter Blechpressteile mittlerer Größe) Unterkunft. Die für eine Verlagerung ebenfalls vorgesehene Abteilung Zerspanung (Gurtprofil-, Kugelpfannen und Gurtfertigung) musste wegen Platzmangels in die Heimkehle weichen. Obgleich das ‚Thyra-Werk' bereits seit Monaten in Betrieb war, meldete Junkers das Zweigwerk in der Heimkehle erst am 1. Februar 1945 bei der Hauptfinanzverwaltung Dessau, rückwirkend ab Juni 1944, an.[63]

Zwischen dem 18. August und 22. September 1944 gab der Junkers-Verlagerungsbetrieb in Mühlhausen – Deckname „Mühlenwerk AG" – zahlreiche Maschinen an das Thyra-Werk in der Heimkehle ab, darunter fünf Fräsen und acht Drehbänke (Abb. 4.9). Nach und nach zog die gesamte Sektion für Rumpfträgergurte (TM-Gurte) aus Mühlhausen in das Thyra-Werk um, mitsamt den an den Maschinen eingearbeiteten KZ-Häftlingen, von denen 36 am 25. September 1944 in Rottleberode eintrafen.[64] Zusätzlich stellte das Junkers-Stammwerk Schönebeck angelernte, bereits in der Flugzeugproduktion tätige Häftlinge ab. Eine erste Gruppe von 61 Personen traf am 31. Juli 1944 in Rottleberode ein. Fünf weitere Transporte aus Schönebeck folgten, 35 KZ-Häftlingen am 25. September,[65] 60 am 23., 5 am 03. Oktober[66], 61. am 23. Oktober[67] und 59 am 26. Oktober.[68] Ein weiterer Transport aus Dora ließ die Zahl der in der Heimkehle im Zweischichtbetrieb arbeitenden Häftlinge am 30. November 1944 auf 545 anschwellen. Diese Lagerstärke blieb bis Ende März 1945 etwa konstant. Zeitweise bestand die Belegschaft des Thyra-Werkes zu 80 % aus KZ-Insassen. Allein für Oktober 1944 überwies Junkers für die Tätigkeit der Häftlinge seines Thyra-Werkes dem KZ Buchenwald ein Entgelt von 50.060 RM. Durchschnittlich standen bis zu 600 KZ-Häftlinge an den Werkbänken in der Heimkehle.

Während der Tätigkeit in der Höhle bewachten und beaufsichtigten deutsche Zivilisten, Ingenieure und Vorarbeiter die KZ-Arbeiter. Die Maschinen liefen Tag und Nacht ohne Pause. Nur Sonntagsnachmittag ließ Junkers die Maschinen putzen und die Hallen kehren.[69]

Abb. 4.9: Werkhalle in der Heimkehle. Um die Maschinen sachgerecht aufstellen, warten und betreiben zu können, wurden Baracken in die Hallen der Schauhöhle eingebaut, wodurch ihre Gestalt vollkommen verändert wurde. Repro: Frank Baranowski

Die Junkers-Produktionshäftlinge erhielten meistens eine bessere Verpflegung als ihre auf der Baustelle B 4 eingesetzten Mithäftlinge, obwohl deren Tätigkeit wesentlich kräftezehrender war. In Rottleberode erhielten die im Thyra-Werk arbeitenden Häftlinge mehr zu essen als diejenigen, die auf der Baustelle vor und in den Stollen von Stempeda tätig waren.[70] Junkers-Arbeiter erhielten täglich 250 Gramm Brot, 15 Gramm Margarine, einen Esslöffel Marmelade und 30 Gramm Blutwurst, die die Häftlinge als Verdunkelungswurst bezeichneten. Das Mittagessen bestand zumeist aus fünf bis sechs Pellkartoffeln ohne

Fleisch, dazu Runkelrübenblätter als Spinat zubereitet oder Weißkohl als Zulage. Am Wochenende gab es dazu 50 Gramm Pferde- oder Rindfleisch.[71] Aber auch die Produktionshäftlinge waren nicht gegen Repressalien geschützt, wie ein Zwischenfall belegt. Ein französischer Häftling, der an einer Schmirgelmaschine arbeitete, zerbrach versehentlich eine Schutzvorrichtung. Einer der Vorarbeiter schlug ihn dafür mit einem Alu-Gussstück auf den Hinterkopf. Der Häftling erlitt eine fünf Zentimeter lange Wunde, die stark blutete.[72] Aber auch andere Verletzungen, wie Fremdkörper im Auge, Leistenbrüche oder eine Fraktur des Unterschenkels führten zur Einweisung von Produktions-Häftlingen in den Häftlingskrankenbau.[73]

Etwa 30 aus Schönebeck abkommandierte ausländische Zivilarbeiter, vor allem Belgier und Franzosen, verstärkten die Belegschaft. Sie fanden Unterkunft im Festsaal der Gemeinde Uftrungen und wurden in einem ehemaligen Hotel nahe der Arbeitsstätte verpflegt.[74] Außerhalb der Arbeitszeit konnten sie sich frei bewegen. Im November 1944 zahlte Junkers für die angemietete Gemeinschafts-unterkunft täglich 0,25 RM pro Bett und weiteren 0,25 RM für das Frühstück. Junkers war auf Dauer nicht dazu bereit, solch hohe Kosten zu tragen. Daher verlangte die Hauptverwaltung, unverzüglich mit dem Vermieter eine pauschale Monatsmiete für den belegten Saal festzulegen, „in welcher Morgenkaffee und Reinigung" enthalten sind. Als Richtsatz wurden 0,30 bis 0,40 RM pro m^2 genannt. Der Betrag sollte dann bei den „Gastarbeitern" unter Anwendung des im Mutterwerk geltenden Abrech-nungsverfahrens vom Lohn einbehalten werden.[75]

Ende März 1945 kam die Produktion des Thyra-Werkes nahezu vollständig zum Erliegen, nachdem es in den Wochen zuvor durch Luftangriffe immer wieder zu Beeinträchtigungen gekommen war. Am 4. April 1945 zerstörte eine Bombe die Trafostation des Thyra-Werkes.[76] Noch am selben Tag erhielt Kommandoführer Erhard Brauny vom Stammlager Dora Befehl, die Arbeiten unverzüglich einzustellen, die Räumung des Lagers „Heinrich" vorzubereiten und alle Häftlinge am Folgetag zur „Evakuierung" zum Bahnhof in Niedersachswerfen zu führen. Nur wenige der Thyra-Häftlinge erlebten das Kriegsende.[77]

Anmerkungen

[1] Baranowski, Rüstungsproduktion in der Mitte Deutschlands von 1929 bis 1945, S. 231 ff.; Budraß, Flugzeugindustrie und Luftrüstung, S. 868 ff.; Eichholtz, Geschichte der deutschen Kriegswirtschaft, Bd. III/1, S. 16 ff.; Milward, Die deutsche Kriegswirtschaft, S. 123 ff.; Kooger, Rüstung unter Tage, S. 92-116; Eichholtz, Kriegswirtschaft, Bd. 3, S. 14-32; Schulte, Zwangsarbeit, S. 406-412; Buggeln, Das System der KZ-Außenlager, S. 101 f.

[2] Wagner, Zwangsarbeit im Konzentrationslager, S. 38; Milward, Die deutsche Kriegswirtschaft, S. 125 f.

[3] BA-MA, RL3/65, Bl. 1, Befehl des Luftwaffenchefs Hermann Göring vom 06.11.1943.

[4] BAL, NS 19/3929, Erlass über die Bildung des Jägerstabes vom 01.08.1944; Eichholtz, Geschichte der deutschen Kriegswirtschaft, Band III/1, S. 51.

[5] BAL, R3101/1173, Bl. 148 ff., Erlass des Reichsministeriums für Rüstung und Kriegsproduktion vom 21.02.1944, der die Unterschrift des Leiters des Amtes Bau, Stobbe-Dethleffsen, trägt; Ebd., Bl. 152, Niederschrift über die 2. Besprechung des „Arbeitsstabes U" am 27.02.1944 im Amt Bau; Ebd., Bl. 153 ff., Liste der Bauvorhaben der 1. Welle vom 24.02.1944.

[6] LAHASA, DE, I 410, Nr. 626, Bl 74 ff., Übersicht der Junkers-Verlagerungsprojekte, Stand 31.07.1944.

[7] Große, Aus dem Umkreis der Kamine, S. 13 ff.

[8] LHASA, DE, Junkers Flugzeugbau DE, Nr. 626, Bl. 54, JFM-Verlagerungsstätten (Stand Dezember 1944); Ebd., Bl. 75, Betriebsverlagerungen der JFM.

[9] LAHASA, DE, I 410, Nr. 626, Bl 74 ff., Übersicht der Junkers-Verlagerungsprojekte, Stand 31.07.1944.

[10] BAL, R3101/3173, Bl. 191, Bestand und Bedarf unterirdischer Bauvorhaben vom 14.04.1944; Ebd., Bl. 186 ff., Aufstellung des Jägerstabes vom 13.04.1944 wegen Deckung des Raumbedarfs durch unterirdische Verlagerungen; Baranowski, Rüstungsproduktion in der Mitte Deutschlands von 1929 bis 1945, S. 217 ff.

[11] LAHASA, DE, I 410, Nr. 626, Bl 74 ff., Übersicht der Junkers-Verlagerungsprojekte, Stand 31.07.1944.

[12] LAHASA, Junkers-Werke, Nr. 1372, Bl. 110.

[13] BAL, R3101/1172, Bl. 292, Bericht Dr. Wegener über den Besuch vom 15. und 16.01.1945.

[14] Wagner, Produktion des Todes, S.146–149 (Stollenbau der Wifo), S. 224–227 (Das Nordwerk).

[15] LAHASA, DE, I 410, Nr. 626, Bl 77, Seite 4 der Übersicht der Junkers-Verlagerungsprojekte, Stand 31.07.1944. Das in der Heimkehle angesiedelte Werk wird an Nummer 1 der Aufstellung, und zwar mit dem Vermerk Verlegungsvorbescheid 27.05.1944; Ebd., I 410 Nr. 1367, Bl. 13, 39 und 40, Aufstellung der Betriebsverlagerungen vom 28.08.1944. Laut Neander, „Hat in Europa kein annäherndes Beispiel", S. 88 soll die Produktion von Düsen- und Kolbentriebwerken bereits im Mai 1944 begonnen haben.

[16] BA-MA, RL3/4851, Postenstellenplan der Nordwerke AG ab 01.10.1944; Ebd., RL3/4535, Gemeinkosten-Nummernplan, gültig ab 01.10.1944; LHASA, DE, Junkers Flugzeugbau DE, Nr. 761, Bl. 107, Aufstellung der Junkers-Betriebsstätten, o. D.

[17] BA-MA, RL3/4851, Sonderzuteilung an Junkers-Zweigwerke unter Nennung der Belegschaftszahlen.

[18] StadtA Nordhausen, Statistiken der Stadt Nordhausen, S 257, Bl. 5.

[19] LHASA, DE, Junkers Flugzeugbau DE, Nr. 1372, Bl. 109; Baranowski, Zur Agglomeration von Rüstungswirtschaft und Zwangsarbeit in den Gipsgebieten am Südharz 1943-1945, S. 197-207.

[20] LAHASA, Junkers-Werke, Nr. 1372, Bl. 110, Reichsminister der Luftfahrt an Junkers-Werke Dessau vom 01.02.1944 wegen bombensicheren Fertigungsräumen. Mitteilung, dass für die Teilefertigung von Zellen nachfolgende Objekte vorgesehen waren: Salzbergwerk Neusollstedt (70.000 m^2), Felsenkeller Halberstadt (25.000 m^2), Brauereikeller Halberstadt (25.000 m^2), Salzbergwerke Aschersleben (60.000 m^2) und Heimkehle (10.000 m^2).

[21] LHASA, DE, Junkers Flugzeugbau DE, Nr. 1372, Bl. 110.

[22] LHASA, Junkers Flugzeugbau DE, Nr. 626, Bl. 54; Nr. 1372, Bl. 96 ff; Ebd., Nr. 1372, Bl. 96, Reichsminister der Luftfahrt an Junkers Schönebeck vom 24.03.1944 wegen Verlegung des Presswerkes in die Heimkehle.

[23] LHASA, Junkers Flugzeugbau DE, Nr. 410, Nr. 1372. Ab dem 12. April 1944 fanden die Mitarbeiter des SS-Führungsstabes im Landhaus auch persönlich Unterkunft.

[24] ITS Arolsen, Dokument 5319894 ff., Transportliste vom 13.03.1944.

[25] Walter Ernst Ulbricht (Haft-Nr. 837) wurde 28.07.1904 in Leipzig-Lindenau geboren. Er war Kapo im Außenlager Rottleberode. Im Dachauer Dora-

Prozess wurde er am 30.12.1947 zu fünf Jahren Haft verurteilt. Im Dezember 1949 wurde er dort entlassen.

[26] Der am 14.09.1904 in Lannesdorf bei Köln geborene Winand Stang wurde im Juni 1941 u. a. wegen Diebstahl und Schmuggel zu einen dreijährigen Haftstrafe verurteilt. Nach Abschluss der Bauarbeiten in der Heimkehle wechselte er als Kapo zum Bauvorhaben B 4 in Stempeda. Am 18.10.1944 bat der Kommandoführer des SS-Kommandos Rottleberode in Buchenwald darum, dem „Schutzhäftling Nr. 5095 / RD Stang, Winand [...] um Aushändigung seiner Uhr (Armband) aus den Effekten. Der Häftling Stang ist der Kapo beim Bauvorhaben B 4 und benötigt zur Einhaltung der Arbeitszeit dringend eine Uhr." ITS Arolsen, Dokument 7174700, SS-Kommando Rottleberode an I. Schutzhaftlagerführer des KL Buchenwald vom 18.10.1944.

[27] ITS Arolsen, Dokument 8034599, Liste der Funktionshäftlinge Transport Heinrich, ohne Datum.

[28] Ziegler, Konzentrationslager im Kreis Sangerhausen, S. 26; Bornemann, Geheimprojekt Mittelbau, S. 89 f.

[29] Ziegler, Konzentrationslager im Kreis Sangerhausen, S. 26.

[30] Wichert, Decknamenverzeichnis, S. 125, 133; LAHASA, Junkers-Werke, 410, Nr. 640.

[31] LAHASA, Junkers-Werke, 410, Nr. 493, Bearbeitungsverträge und Abrechnungen für den Architekten Werner Issel betreffend die Objekte ‚Maus I', ‚Maus II', ‚Maulwurf' und ‚Heller 406'.

[32] LHASA, DE, Junkers Flugzeugbau DE, Nr. 1372, Bl. 102, Spott an HV-Rechtsabteilung vom 03.05.1944

[33] ITS Arolsen, Dokument 8034599, Meldung Häftlingskrankenbau vom 15.04.1944.

[34] Ebd., Dokument 8034599, Transportliste SS-Außenkommando A5 vom 21.05.1944.

[35] Ebd., Dokument

[36] LAHASA, De, I 410, Nr. 640, Verhandlungen Junkers Flugzeug- und Motorenbau mit der Firma Porzellanfabrik Rottleberode, Inhaber Schuck, zur Verlagerung des Zweigwerkes Schönebeck.

[37] Mirbach, Damit du es später deinem Sohn einmal erzählen kannst, S. 98.

[38] BAL, NS 48/26, Protokoll SS-Sturmbannführer Dr. Ding über Besichtigung Bauvorhaben, o. D.

[39] LAHASA, Junkers Flugzeugbau DE, Nr. 703, Bl. 5, Junkers an Reichsminister für Rüstung und Kriegsproduktion vom 16.02.1945; Ebd., Bl. 18, Junkers an Industriekontor GmbH vom 05.02.1945.

[40] Ebd., Nr. 1382, Bl. 22, JFM Belastungsaufgabe vom 18.01.1945.

[41] Thür. HStA Weimar, NS 4/vorl. 136 a, Veränderungsmeldung des KZ Buchenwald.

[42] BAL, R3101/1234, Erfassungsbogen Vorhaben B 4, Oktober 1944; Nds. HStA Hannover, Hann. 184, Acc_9_3740, OBA Halle an OBA Clausthal vom 09.01.1945.

[43] BAL, R3101/1234, Bl. 2 ff., Erfassungsbogen des Bergamtes Eisleben über den Stand des Bauvorhabens B 4 vom Oktober 1944; LHASA, DE, Junkers Flugzeugbau DE, Nr. 1375, Bl. 10, Verlagerungsübersicht der Aufnahmebetriebe Junkers Schönebeck vom 15.03.1945.

[44] ITS Sachdokumenten-Ordner Buchenwald 53 (2000), Bl 414, Arbeitseinsatz-Abrechnungen des Kommandos B 4.

[45] DMD, EB/HF-1, Aussage des Häftlings Andre Carré; Bestand 50.10.15.11, Monatsbericht des Häftlingsreviers des Außenkommando Rottleberode vom 21.12.1944 bis 20.01.1945. Mirbach, Damit du es später deinem Sohn einmal erzählen kannst, S. 98 ff.

[46] ITS Arolsen, Dokument 7174700, SS-Kommando Rottleberode an I. Schutzhaftlagerführer des KL Buchenwald vom 18.10.1944.

[47] Mirbach, Damit du es später deinem Sohn einmal erzählen kannst, S. 110 f.

[48] Ebd.

[49] SS-Hauptscharführer Erhard Richard Brauny, geb. 1913, gehörte seit 1937 zur Wachmannschaft des KZ Buchenwald. Von August 1943 bis November 1944 war er Rapportführer im KZ Dora-Mittelbau, dann Kommandoführer des zum Thyra-Werk gehörenden Arbeitslagers „Heinrich" in Rottleberode.

[50] Wagner, Jens-Christian: Produktion des Todes, Göttingen 2015, S. 626.

[51] Eventuell erfolgte die Überstellung auch erst später, und zwar am 24.07.1944. ITS Arolsen, Dokument 84603658.

[52] Gring, Diana: „[...] immer zwischen zwei Feuern.", in Beiträge zur Geschichte der nationalsozialistischen Verfolgung in Norddeutschland, Heft 4, Bremen 1998, S. 97 ff; Dies.

[53] Gedenkstätte Wernigerode, Bericht Karl Semmler, 1970.

[54] Ziegler, Auf Spurensuche, S. 80; Baranowski, Rüstungsproduktion in der Mitte Deutschlands von 1929 bis 1945, S. 322.

[55] Sammlung Baranowski, Erinnerungsbericht Victor Mouillec. Übersetzung Karl-Udo Bigott, Göttingen; Baranowski, Rüstungsproduktion in der Mitte Deutschlands von 1929 bis 1945, S. 322.

[56] BA Ludwigsburg, 429 AR-Z 192/72, Bl. 86 f., Aussage Abraham E. vom 23.05.1968; Ebd., Bl. 88 ff., Aussage Hersch J. vom 14.05.1968.

[57] DMD, EBIA-96, Zusammenfassender Bericht über den Leidensweg der ehemaligen Häftlinge des KZ-Lagers Rottleberode, S. 5 f.; Heimatgeschichtlicher Wegweiser, Band 8 (Thüringen), S. 200.

58 DMD, EBIA-96, Zusammenfassender Bericht über den Leidensweg der ehemaligen Häftlinge des KZ-Lagers Rottleberode, S. 5 f.; Heimatgeschichtlicher Wegweiser, Band 8 (Thüringen), S. 200.

59 ITS Arolsen, Dok-Nr. 5319936, SS-Kommando Rottleberode an Arbeitseinsatzführer Buchenwald vom 09.10.1944.

60 Volkmann, Sophie: Das KZ-Außenlager Rottleberode, Leipzig 2012, S. 28. Hiernach waren 525 Bauhäftlinge in Stempeda und weitere 380 im Lager ‚Heinrich'.

[61] ITS Arolsen, Dokument 2533251, Transportliste vom 22.03.1945.

[62] LAHASA, De, I 410, 1367, Bl. 16 ff., Niederschrift der Besprechung vom 15.11.1944.

[63] LAHASA, De, I 410, Nr. 1367, Bl. 4, Betriebsmeldung an Hauptfinanzverwaltung Dessau vom 01.02.1945.

[64] ITS Arolsen, Dokument 5319932, SS-Kommando Thyra an das Stammlager Buchenwald, Aufstellung der aus Mühlhausen überstellten Häftlinge vom 25.09.1944.

[65] Ebd., Dokument 5319933, Liste der aus Schönebeck überstellten Häftlinge vom 25.09.1944.

[66] Ebd., Dokument 5319934, Liste der aus Schönebeck überstellten Häftlinge vom 03.10.1944.

[67] Ebd., Dokument 5319940, Transportliste vom 23.10.1944.

[68] Ebd., Dokument 5319942, Transportliste vom 26.10.1944.

[69] Gedenkstätte Wernigerode, Bericht Karl Semmler, 1970.

[70] Wagner, Jens-Christian: Produktion des Todes, Göttingen 2015, S. 440.

[71] Gedenkstätte Wernigerode, Bericht Karl Semmler, 1970.

[72] Ebd.

[73] ITS Arolsen, Dokumente 2536077, 2536078, 2536081, 2536082, 2536083, Überstellungslisten in den Häftlingskrankenbau.

[74] DMD, EB/A-114, Erlebnisbericht des ehemaligen belgischen Zwangsarbeiters Jean D'Hoker.

[75] LAHASA, De, I 410, 1367, Bl. 16 ff., Niederschrift der Besprechung der kaufmännischen Betriebsleitern der Verlagerungsbetriebe am 11.11.1944 in Schönebeck.

[76] Gedenkstätte Wernigerode, Bericht Karl Semmler, 1970.

[77] Siehe weitere Beiträge in diesem Band.

Quelle 5: Erlebnisbericht von Karl Semmler

Auszug aus dem Bericht des Häftlings Karl Semmler über seine Erlebnisse in Rottleberode. In seinem Erlebnisbericht stellt er seine Rolle freilich anders dar. Im Anschluss an den Auszug berichtet Karl Semmler weiterhin detailliert über den Todesmarsch, an dem er teilnahm. Karl Semmler war als KPD-Mitglied seit 1943 im KZ Wernigerode inhaftiert. Dort war er als Kapo tätig, was ihm relativ privilegierte Lebensumstände ermöglichte. Er überwachte die Arbeit der Häftlinge in den Rautalwerken und war dort für seine Brutalität bekannt, mit denen er zur Arbeit antrieb. Auch nach seiner Überführung nach Rottleberode war er dort wohl als Kapo eingesetzt und half vermutlich sogar dabei, die Häftlinge während des Todesmarsches zu bewachen.[1] Archiv Dora 03_01_00226.

Erinnerungsbericht des Genossen Karl Semmler

Der Erinnerungsbericht wird begonnen, als der Genosse Karl Semmler nach Rottleberode kommt. Seine früheren Erlebnisse, geschildert, wurden weggelassen.
... Am 12.12.1944 wurden wir nochmals auseinandergerissen. Mein Leipziger Genosse kam ins Straflager Katun, 30 km von Schönebeck, auch ein KZ-Lager von Junkers in einer Saline unter Tage. Mich transportierte man ins Straflager Rottleberode im Südharz, auch zu Junkers, in die berühmte Höhle Deutschlands, Thyrasee [=Heimkehle]. Das Kommando, in dem ich mich befand, war im reinsten Sinne ein Strafkommando. Außer den

---

[1] Homann, Mark: Jenseits des Mythos. Die Geschichte(n) des Buchenwald-Außenkommandos Wernigerode und seiner „roten Kapos", Berlin 2020, 15; 45; 64; 70; 72; 76–78; 96.

ausländischen Kameraden, waren da nur deutsche Kriminelle und assoziale Elemente, die auf alles bedacht waren, nur nicht auf Kameradschaft.

Morgens um 3 Uhr aufstehen, 4 Uhr antreten und wenn wir Pech hatten, daß keine Bahn fuhr, mußten wir eine Stunde zu Fuß zur Arbeit marschieren. Zwölf Stunden arbeiten mit einer halben Stunde Pause, wieder zu Fuß ins Lager, ein bis zwei Stunden Appell, dazu noch Fliegeralarm, man kam dort gar nicht zur Ruhe. Eine Kameradschaft war das schlecht herbeizuführen. Man beschnüffelte mich, meine Wege waren beschattet. Ich mußte vorsichtig sein, irgendeine politische Äußerung zu tun. Die deutschen Kriminellen und Assozialen kannten mich aus Buchenwald her. Man fragte mich aus, warum und weshalb. Ich gab ihnen ausweichende Antworten. Es gelang mir aber, in der Hauptsache unter den russischen Kameraden einige Freunde zu finden. Diese machten mich auf die Spitzel, die auf mich aufgestellt waren, aufmerksam.

In diesem Lager wimmelte es von Läusen, Wanzen und Flöhen. Badegelegenheit gab es nicht, da es an Leitungswasser mangelte. Sanitäre Mittel waren nur auf dem Papier vorhanden. Im Lager schlugen die SS, die Kriminellen und Assozialen auf die ausländischen Häftlinge ein, als müßte es so sein. Bei der Arbeit schlug jeder deutsche Zivilarbeiter, Meister und Werkspolizei den Häftling mit dem ersten besten Gußstück oder Eisen gleich auf den Kopf, daß das Blut umherspritzte. Das war ein Lager, in dem die Kriminellen tonangebend waren. In diesem Lager gingen nur der Tod und der Teufel um. Wir Häftlinge nahmen an Gewicht ab, wie ein Abreißkalender.

An Kleidung und Schuhwerk mangelte es vollkommen. Man sah, es ging rapide den Berg hinunter mit dem 3 Reich. 500 Juden aus Genstochau trafen ein. Diese mußten in 6 Wochen liquidiert sein. Es war auch so. Ein Massensterben setzte sein. Die Kriminellen und Assozialen halfen mit Knütteln nach.
20 km von unserem Lager war das Lager Dora bei Nordhausen. Die Krematorien konnten die Leichen in diesem Lager nicht mehr

fassen. Dazu kamen noch die Leichen aus unserem Lager. Man legte Holzscheite kreuz und quer übereinander, stapelte die Leichen darauf, übergoß diese mit Benzin und ein neues Feuer brannte Tag und Nacht. Die Gestapo fuhr von einem Zweiglager zum anderen mit einem Flaschenzug im Auto und hängten alle, gegen die von irgendeiner Werkleitung eine Meldung wegen Sabotage in Berlin einlief.

Am 3. April 1945 mußte ich plötzlich an der Torwache vor dem Lager antreten. Ein SS-Posten mit Maschinenpistole wartete, und ab ging es mit mir nach dem Lager Dora, zum SS-Arzt. Als untersucht worden war, sagte dieser zu mir, ich werde Soldat. Trotzdem ich im Monat November 1941 im Lager Buchenwald aus der Wehrmacht als unwürdig für Krieg und Frieden ausgeschlossen bin, sollte ich nun Soldat werden. Aber es kam nicht mehr dazu. Am 4. April 1945 mußte plötzlich das gesamte Lager Rottleberode abends 8:30 Uhr antreten. Es hieß, das Lager muß evakuiert werden, da die US-Armee im Anrücken auf Nordhausen sei. Jeder Häftling erhielt nochmals ein 3-Pfund-Brot und eine kleine Büchse Fleisch. Und die Kameraden wurden evakuiert, in den Tod. [...]

Wiederherstellung, Transport oder Tod: Der Häftlingskrankenbau im Außenlager Rottleberode

Philipp Kiosze[*]

Krankheit war der Dauerzustand der meisten Häftlinge in den Konzentrationslagern.[1] Allerdings wurde nur ein geringer Anteil der Häftlinge medizinisch behandelt.[2] Die frühen Konzentrationslager dienten als Unterdrückungsorte für politische Gegner der Nationalsozialisten und hatten keine oder allenfalls eine extrem dürftige Krankenversorgung.[3] Da es ab Anfang 1942 jedoch einen hohen Arbeitskräftebedarf in der Rüstungsindustrie gab, bekam die medizinische Behandlung in den Konzentrationslagern eine immer höhere Bedeutung. Auch die Gründung des KZ-Komplexes Mittelbau-Dora fällt in diese Phase.[4]

Die Orte der Krankenversorgung[5] in Konzentrationslager-Außenlagern waren sehr unterschiedlich strukturiert. Das Spektrum reichte von kleinen Ambulanzen bis hin zu Abteilungen mit stationären Betten. Häufig gab es aber gar keine Struktur und damit keine Behandlung bei Krankheit. So ist nur in 15 von 39 Außenlagern des KZ Mittelbau-Dora ein Häftlingskrankenbau nachweisbar.[6] Im Außenlager Rottleberode war eine Krankenversorgung hingegen bereits ab Gründung am 13.3.1944 vorgesehen, denn auf dem ersten Transport befanden sich unter den ersten 50 Häftlingen ein Pfleger und ein Arzt.[7]

Für diese Studie wurde die bestehende Literatur[8] zum Thema untersucht und eine quellenkritisch-hermeneutische Analyse verschiede-

---

[*] Danken für Hilfe bei der Recherche zu diesem Artikel möchte ich Anett Dremel, Felix Roth, Sebastian Hammer, Carolin Velut und Gert De Prins.

ner Quellen[9] durchgeführt. Der Häftlingskrankenbau Rottleberode ist
bisher noch nicht systematisch untersucht worden.[10]

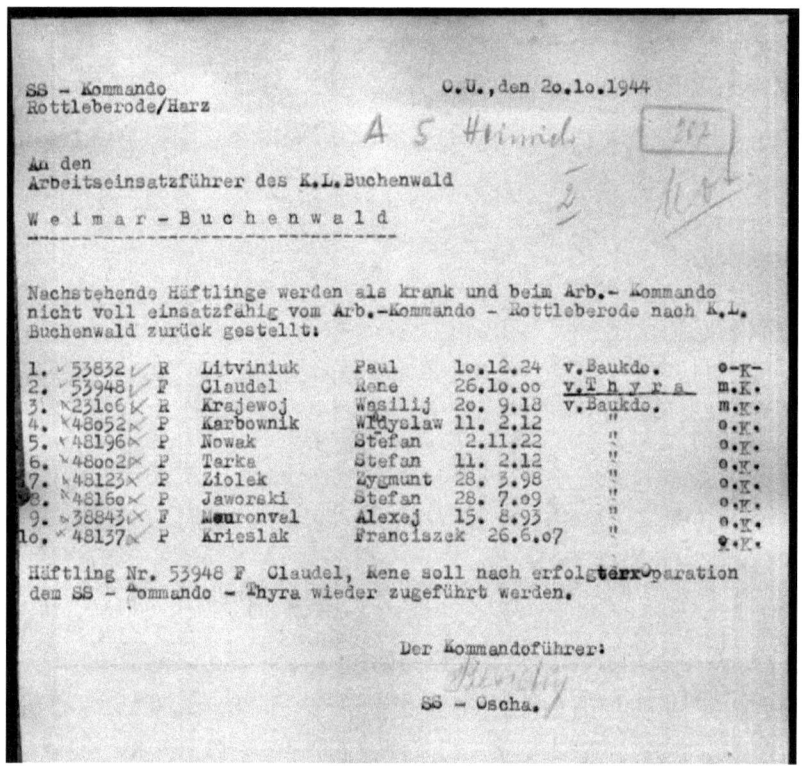

Abb. 5.1: Transportliste von Häftlingen, die wegen Krankheit vom Außenlager
Rottleberode zurück ins Konzentrationslager Buchenwald transportiert wurden.
Arolsen Archives

Während zur Krankenversorgung im Häftlingskrankenbau Dora die
Quellenlage sehr umfangreich ist, fehlt es in den Außenlagern an vielen
zentralen Dokumenten.[11] Jedoch konnten anhand von Transportlisten
kranker Häftlinge (Abb. 5.1), die nach ihrem Aufenthalt im Häftlingskrankenbau Rottleberode nach Buchenwald oder Dora überstellt wurden,
Krankenakten (Abb. 5.2) aus dem Häftlings-krankenbau Rottleberode in
den Arolsen Archives gefunden werden. Diese Stichprobe von 36

Krankenakten wird hier analysiert. Da nur die abtransportierten Häftlinge untersucht wurden, besteht natürlich eine gewisse Verzerrung.

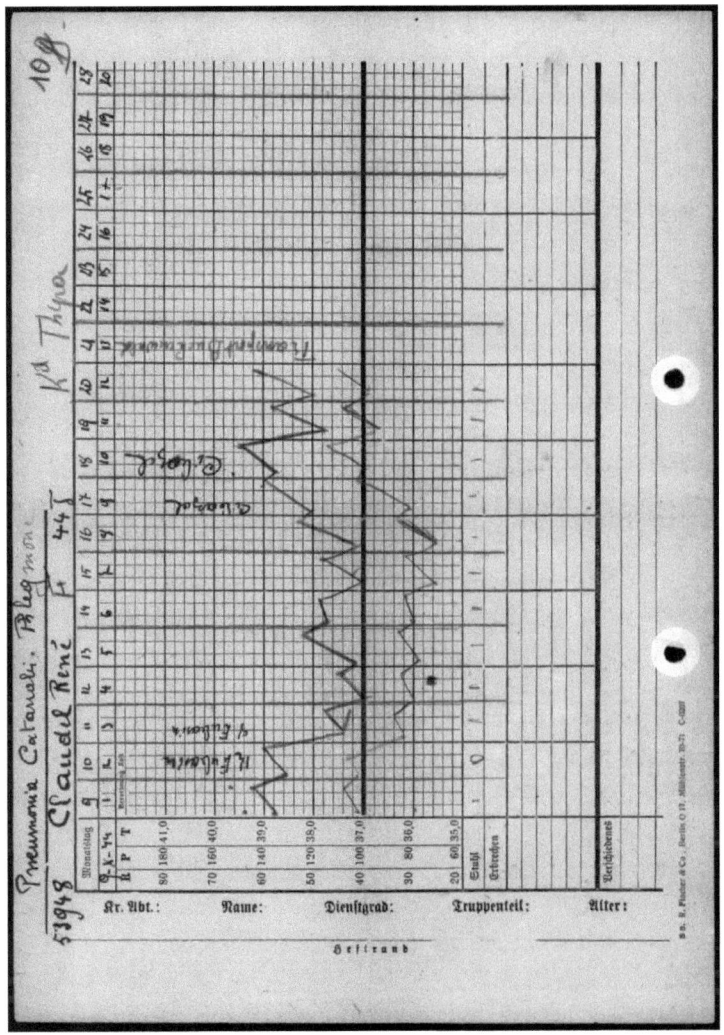

Abb. 5.2: Krankenakte des französischen Häftlings René Claudel (1900–1945) aus dem Häftlingskrankenbau Rottleberode. Arolsen Archives

Eine weitere Limitation ist, dass ein Großteil der Quellen aus der Täter-perspektive stammt, weshalb versucht wurde, diesen die Perspektive der Häftlinge entgegenzusetzen. Egodokumente ehemaliger Häftlinge sind aber sehr selten, was nicht zuletzt daran liegt, dass ein hoher Anteil der Häftlinge von Rottleberode im Massaker von Gardelegen getötet wurde. Die umfangreichsten Berichte sind die Aussagen im Dachauer Dora-Prozess.[12] Eine schwere Krankheit beeinträchtigt allerdings auch die Erinnerung. So war einer der wenigen Berichte eines Patienten, die Zeugenaussage von Armandus Weber (geb. 1908), dadurch limitiert, dass dieser sich kaum noch an die Tage im Häftlingskrankenbau erinnern konnte.[13] Berichte aus der Perspektive des medizinischen Häftlings-personals konnten für den Häftlingskrankenbau Rottleberode nicht gefunden werden.[14]

Ziele der SS

Ende 1942 kam es mit der Ökonomisierungsphase zu einer Neuaus-richtung der Krankenversorgung in den Konzentrationslagern. Der große Arbeitskräftemangel in der Rüstungsindustrie sollte durch KZ-Häftlinge ausgeglichen werden. Somit wurde die Aufgabe der SS-Ärzte in den Konzentrationslagern neu definiert:

> *„Die 1. Lagerärzte haben sich mit allen ihnen zur Verfügung stehenden Mitteln dafür einzusetzen, dass die Sterblichkeitsziffern in den einzelnen Lagern wesentlich herabgehen. Nicht derjenige ist der beste Arzt in einem Konz.-Lager, der glaubt, dass er durch unangebrachte Härte auffallen muss, sondern derjenige, der die Arbeitsfähigkeit durch Überwachung und Austausch an den einzelnen Arbeitsstellen möglichst hoch hält.“[15]*

Erhalt und Wiederherstellung der Arbeitskraft wurden zu den zentralen Aufgaben der SS-Ärzte. Dies kann nicht mit Genesung oder Gesundheit gleichgesetzt werden. Medizinische Einrichtungen waren in erster Linie für Produktionshäftlinge[16] in der Rüstungsproduktion und Funktions-

häftlinge gedacht. Bauhäftlinge hatten oft schlechtere Arbeitsbedingungen.[17]

In Mittelbau-Dora hatte sich in der Anfangszeit des Stollen-
ausbaus gezeigt, dass die unterirdischen Arbeits- und Lebensbedingungen im Tunnelsystem zu einer hohen Todesrate führten und
eine Reihe Infektionskrankheiten (z.B. Tuberkulose, Typhus abdominalis,
Fleckfieber) auftraten. Die SS sah somit den Ausbau der Rüstungsproduktion, die Produktion selbst, die Bewacher und die zivilen
Fachkräfte gefährdet, weshalb es zu Inspektionen ranghoher SS-Ärzte,
vor allem der SS-Hygieneärzte, kam. Dabei handelte es sich um den
Obersten Hygieniker der Waffen-SS Joachim Mrugowsky (1905–1948),
Leiter des Hygiene-Instituts der Waffen-SS in Berlin, und den SS-
Hygieniker Erwin Ding-Schuler (1912–1945), Leiter des Hygiene-Instituts
der Waffen-SS im KZ Buchenwald.[18] Beide besichtigten im März 1944
zusammen mit dem Lagerkommandanten und dem SS-Standortarzt von
Buchenwald das Außenlager Rottleberode und die Heimkehle, um die
medizinisch-hygienischen Bedingungen zu untersuchen. Teil des
Besuches war auch ein Gespräch mit dem Bürgermeister über die
Wasserversorgung. Darüber berichteten sie an den Leitenden Arzt der
Konzentrationslager Enno Lolling (1888–1945).[19] Für die Heimkehle
empfahl Ding-Schuler beispielsweise: „Für die Notdurft während der
Arbeit unter Tag wird das Tonnensystem vorgeschlagen."[20]

Im Außenlager Rottleberode wurden Impf- und Entlausungs-
aktionen an den Häftlingen durchgeführt.[21] Letztere hatten allerdings
keinen großen Effekt, so sprach ein besichtigender Luftwaffenarzt von
einer Verlausung von 50–60 %[22] und der ehemalige Häftling Karl
Semmler (geb. 1904) berichtete: „In diesem Lager wimmelte es von
Läusen, Wanzen und Flöhen."[23]

Das Vorkommen der Infektionskrankheiten Typhus abdominalis
und Paratyphus im Thyratal bei Rottleberode rief im Juni 1944 erneut die
SS-Hygieniker auf den Plan. Ding-Schuler sah in der besonders
schlechten Abwasserklärung im Kreis Sangerhausen die Ursache.[24] Auch
die Gesundheitsämter der Region (z.B. Sangerhausen, Nordhausen oder
Sondershausen) wurden regelmäßig über Fälle von Infektionskrankheiten in den Außenlagern informiert.[25]

Orte der Krankenversorgung

Bereits unmittelbar nach Gründung des Außenlagers Rottleberode wurde der Häftlingskrankenbau (HKB) eingerichtet. So ist bereits zehn Tage nach der Ankunft des ersten Häftlingstransports von einem „kleinen Liege-Revier"[26] die Rede. Es befand sich auf einer Etage des dreistöckigen massiven Steingebäudes der ehemaligen Porzellanfabrik Max Schuck, die als Häftlingsunterkunft für das Außenlager Rottleberode diente.[27] Der HKB war ein 8 x 8 m großer Fabrikraum mit 36 Betten, welche meist mit Kranken überbelegt waren.[28] Wegen der fehlenden Trennung von den normalen Schlaf- und Aufenthaltsräumen wurden Behandlungen und Operationen von anderen Häftlingen gesehen und gehört.[29] Da sich die stationäre Krankenversorgung nur in einem Raum abspielte, gab es keine Trennung nach medizinischen Fachgebieten, weshalb ansteckende Krankheiten auch nicht isoliert werden konnten.

Neben der stationären Versorgung gab es noch einen „Schonungsbereich", in den einige Kranke nach ihrer Entlassung aus dem Häftlingskrankenbau vorübergehend für wenige Tage verlegt wurden.[30] Zudem gab es eine ambulante Krankenversorgung im Häftlingskrankenbau und im Thyra-Werk[31].[32]

Personal

Die Behandlung kranker Häftlinge wurde vom SS-Sanitätspersonal geleitet und überwacht. Der vom Amt D III des SS-Wirtschafts-Verwaltungshauptamtes (SS-WVHA) in Berlin-Oranienburg eingesetzte SS-Standortarzt war oberste medizinische Instanz im jeweiligen Konzentrationslager. Vom Stammlager aus war dieser auch für die zugehörigen Außenlager zuständig. Vom 13.3. bis zum 28.10.1944 war der SS-Standortarzt Buchenwald Gerhard Schiedlausky (1906–1947) für das Außenlager Rottleberode zuständig. Ab dem 29.10.1944 wurde das Außenlager in das neugegründete Stammlager KZ Mittelbau überführt und damit übernahmen der SS-Standortarzt Mittelbau Karl Kahr (1914–2007) und seine Nachfolger, zuletzt Eduard Wirths (1909–1945), diese Funktion.[33]

Bis September 1944 gab es im Außenlager Rottleberode kein medizinisches SS-Personal. Erst ab Oktober 1944 wurde der SS-Sanitätsdienstgrad (SDG) Franz Kaschinski (geb. 1919) genannt, über den jedoch keine weiteren Informationen vorliegen. Ende Dezember 1944 oder Anfang Januar 1945 übernahm dann der SS-Sanitätsdienstgrad Paul Maischein (1912–1988).[34] Laut Kahr handelte es sich dabei um eine Strafversetzung, weil Maischein wegen seines schlechten Charakters und verschiedener Vorkommnisse für den Häftlingskrankenbau Dora nicht mehr tragbar gewesen sei.[35] Paul Maischein hatte als SS-Rottenführer einen niedrigen SS-Dienstrang. Wegen Asthma bronchiale sei er nicht frontdiensttauglich gewesen. Da er im zivilen Leben Bäcker war, hatte er keine medizinische Vorbildung, sondern lediglich einen sechswöchigen Sanitätskurs im Truppenrevier Buchenwald absolviert, von dort kam er Anfang 1944 nach Dora und schließlich nach Rottleberode.[36] Maischein sagte aus, dass er für die Überwachung des HKB zuständig gewesen sei. Die medizinische Behandlung habe er den Funktionshäftlingen überlassen und niemanden selbst behandelt.[37] Er sei für die Behandlung der Bewacher zuständig gewesen, habe Material und Medikamente angefordert und bürokratische Aufgaben (wöchentliche Meldungen von Infektionskrankheiten, Monatsberichte, Todesbescheinigungen) gehabt.[38] Allerdings berichteten verschiedene Häftlinge, dass Maischein die Aufnahme von Kranken häufig direkt überwachte und abgewiesene Häftlinge mit Prügel bestrafte.[39] Wegen der enormen Zunahme der Außenlager und des SS-Personalmangels waren Sanitätsdienstgrade in der letzten Kriegsphase häufig für mehrere Außenlager zuständig.[40] Ab Ende Januar sei Maischein zudem für die medizinische Versorgung von fünf weiteren Außenlagern (Kelbra, Roßla, Kleinbodungen, Artern, Wickerode) eingeteilt worden.[41]

Die medizinische Behandlung der kranken Häftlinge im Häftlingskrankenbau Rottleberode wurde von Funktionshäftlingen geleistet. Das medizinische Personal bestand also aus Gefangenen, denen diese Aufgabe von der SS übertragen wurde. Das bedeutete häufig eine Gratwanderung zwischen einer Kooperation mit der SS und dem Einsatz für die Kranken.[42] Die Personalbesetzung im Häftlingskrankenbau

Rottleberode wurde zentral vom zuständigen SS-Standortarzt gesteuert. So kamen medizinische Fachkräfte zunächst aus Buchenwald und später aus Dora in den Häftlingskrankenbau Rottleberode.[43] In der Anfangsphase der Konzentrationslager durften nur medizinische Laien in den Häftlingskrankenbauten eingesetzt werden, erst mit der Ökonomisierungsphase ab 1942 wurden Ärzte und Medizinstudenten von der SS in der Krankenversorgung zugelassen.[44] Jedoch war die tatsächliche medizinische Ausbildung im Konzentrationslager schwer zu überprüfen. Zeugnisse hatten die Häftlinge nicht dabei. Gleichzeitig waren Funktionsposten begehrt, da sie mit Privilegien und einer höheren Überlebenswahrscheinlichkeit einhergingen.[45] Während Häftlingsärzte normalerweise studierte Ärzte waren, hatten Häftlingspfleger als Medizinstudenten oder medizinische Laien häufig keine abgeschlossene medizinische Ausbildung.[46] Alle Funktionshäftlinge im Häftlingskrankenbau Rottleberode waren aus politischen Gründen inhaftierte Personen verschiedener Nationalität.

Abb. 5.3: Der französische Häftlingspfleger Paul Robert Gandar im zivilen Leben © Service historique de la Défense, DAVCC Caen, AC 21 P 611163

Wie auch im Häftlingskrankenbau Dora gehörte das medizinische Personal in der Überzahl zum Häftlingspersonal (bei Auflösung vier Häftlinge gegenüber einem SS-Sanitätsdienstgrad).[47]

Die Häftlinge Dr. Joseph Robert (1909–1979) und Karl Reuter (geb. 1895) kamen direkt mit dem ersten Transport aus Buchenwald, um den Häftlingskrankenbau Rottleberode aufzubauen.[48] Der aus Düsseldorf stammende und aus politischen Gründen internierte Karl Reuter war vom 13.3. bis zum 30.6.1944 als Häftlingspfleger in Rottleberode.[49] Der Arzt Dr. Joseph Robert wurde nach der Besetzung Südfrankreichs wegen Gaullismus von der Gestapo festgenommen und war ab 1943 in verschiedenen Lagern eingesperrt. Schließlich wurde er im Rahmen der „Aktion Meerschaum" in das KZ Buchenwald deportiert. Am 11.7.1944 wurde er durch den SS-Standortarzt Schiedlausky abgesetzt, da er „in erster Linie Franzosen, Belgier usw. bevorzugt"[50] haben soll.[51]

Robert Gandar (1919–2007, Abb. 5.3) kam am 1.6.1944 als Häftlingspfleger nach Rottleberode. Er stammte aus Sarrebourg in Lothringen und war ein französischer Medizinstudent der Universität Straßburg. Diese befand sich seit November 1939 im Exil in Clermont-Ferrand. Für den französischen Widerstand spionierte Gandar deutsche Militäraktivitäten in der Auvergne aus. Nach seiner Verhaftung 1943 wurde er im Zuge der „Aktion Meerschaum" in das KZ Buchenwald deportiert.[52] Er war fachlich so gut, dass der Häftlingsarzt Maistriaux sich von ihm wegen einer serösen Rippenfellentzündung punktieren ließ.[53] Sein aufopferungsvoller Einsatz wurde besonders von seinen ehemaligen Mithäftlingen gelobt.[54]

Nach der Absetzung von Robert und Reuter kamen am 11.7.1944 Fernand Maistriaux (Abb. 5.4) und Johann Pacer aus dem KZ Buchenwald in den Häftlingskrankenbau Rottleberode.[55] Der Hausarzt Dr. Fernand Maistriaux (1902–1960) aus dem wallonischen Beauraing in Belgien war in seinem Ort Bürgermeister für die katholische Partei. 1942 wurde er von der Gestapo verhaftet und kam 1944 als politischer Häftling nach Buchenwald.[56] Auch er wurde als besonders engagiert bezeichnet.[57] Der Pole Johann Pacer (oder Patzer, geb. 1921) aus Bydgoszcz (Bromberg) war aus politischen Gründen 1942 verhaftet und ins KZ Buchenwald deportiert worden.

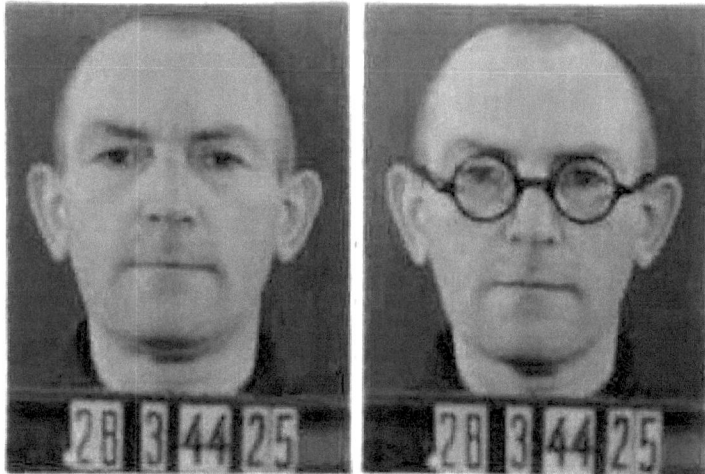

Abb. 5.4: Porträtaufnahmen des Arztes Fernand Maistriaux aus der Häftlings-Personal-Karte des KZ Buchenwald. Arolsen Archives

Abb. 5.5: Der französische Häftlingsarzt Jean-Marcel Nicolas alias „Johnny Nicholas" (rechts, Person links unbekannt) in Paris vor seiner Verhaftung. Gemeinfrei/public domain

Obwohl ursprünglich gelernter Autolackierer, wurde Pacer zum Sanitäter ausgebildet und in Rottleberode als Häftlingspfleger eingesetzt.[58] Der letzte Neuzugang unter den medizinischen Funktionshäftlingen war Jean-Marcel Nicolas (1918–1945, Abb. 5.5) alias „Johnny Nicholas", der am 06.12.1944 aus dem Häftlingskrankenbau Dora nach Rottleberode für die Behandlung chirurgischer Fälle versetzt wurde. Er war als US-Amerikaner aus Boston registriert und erzählte, dass er als Pilot eines Bombers abgeschossen worden sei. Eigentlich kam er jedoch aus Haiti und war Sohn französischer Staatsbürger. Er hatte in Paris medizinische Kurse an der Universität besucht und auch zur Résistance Kontakt. Von der SS wurde Nicolas als „politischer Häftling" eingestuft.[59]

Medizinische Behandlung

Damit sich ein Häftling behandeln lassen konnte, benötigte er zunächst die Genehmigung vom Kapo des Arbeitskommandos, vom Blockältesten oder vom Rapportführer. Die Ersteinschätzung der Krankheit geschah somit durch einen medizinischen Laien. Nur mit dieser Genehmigung durfte der Kranke sich in einer Ambulanz oder direkt im Häftlingskrankenbau vorstellen.[60] Die Auswahl im Häftlingskrankenbau erfolgte durch die Häftlingspfleger und -ärzte nach Vorgaben der SS oder durch einen SS-Sanitäter selbst, beispielsweise Maischein.[61] Neben der Schwere der Erkrankung und der Behandelbarkeit spielten auch Faktoren wie Haftkategorie, Nationalität, Sprache, Beziehung zum Personal, Bestechung oder die berufliche Qualifikation eine Rolle.[62] Eine zu offensichtliche Bevorzugung von Häftlingen der eigenen Nationalität, wie sie dem Häftlingsarzt Joseph Robert vorgeworfen wurde, konnte aber auch zur Absetzung führen.[63] Die berufliche Qualifikation, z.B. die Arbeit in der Rüstungsproduktion, war zudem ein weiteres wichtiges Kriterium. So findet sich auf vielen Krankenakten des HKB Rottleberode der Eintrag „Kommando Thyra", womit der Arbeitseinsatz für das Junkerswerk in der Heimkehle gemeint ist. Das bestätigt die These, dass die stationäre Behandlung vor allem für Produktionshäftlinge gedacht war. Andererseits gab es auch einige Häftlingsgruppen, die prinzipiell nicht aufgenommen wurden.[64] Für den Häftlingskrankenbau Rottleberode gibt es vor allem Berichte über die Abweisung von kranken jüdischen Bauhäftlingen. Der SS-Sanitätsdienstgrad Maischein habe sie laut dem ehemaligen Häftling Boruch Seidel mit den Worten abgewiesen: „What is wrong? Can't you work? This is not a sanitorium, this is not a rest center. You have to work here. There are plenty of tunnels here to be built."[65] Dabei soll er die Häftlinge auch verprügelt haben. Auch Johnny Nicholas wurde beschuldigt, kranke Häftlinge abgewiesen und geschlagen zu haben.[66] Andererseits gibt es zu Johnny Nicholas viele positive Beschreibungen durch Mithäftlinge, die ihn als sehr hilfsbereit und aufopferungsvoll bezeichnen.[67] Jüdische Häftlinge aus Produktionskommandos sollen hingegen medizinisch behandelt worden sein.[68]

Es gab zudem eine gezielte Nichtinanspruchnahme der Krankenversorgung aus Angst vor schlechter Behandlung, Gewalt oder Tötung, was auch der ehemalige Häftling André Carre (geb. 1904) bestätigte.[69]

Im Häftlingskrankenbau Rottleberode wurde der Großteil der Patienten ambulant behandelt.[70] Die stationäre Aufnahme in den Häftlingskrankenbau wurde durch die Bettenkapazität limitiert.[71] Zwischen März und November 1944 wurden im Monat 23 bis 37 Patienten stationär versorgt.[72]

Die Diagnostik beschränkte sich für das medizinische Personal aufgrund mangelnder Ausstattung auf Anamnese und körperliche Untersuchung. Im Vergleich zum Häftlingskrankenbau Dora gab es kein Röntgengerät, kein Labor und kein Mikroskop.[73]

Die Therapie war limitiert durch den Mangel. Ein gewisser Einsatz von Medikamenten ist dokumentiert. Es gab vor allem eine symptomatische Therapie (z.B. Hustenmittel, Kohle, Aspirin). Auch wurde mit antibakteriell wirksamen Sulfonamiden (z.B. Cibazol, Eubasin und Prontosil) therapiert. Allerdings war die Dauer der Behandlung mit diesen Medikamenten nicht ausreichend. Auch der ehemalige Häftling André Carre berichtete von dem Medikamentenmangel: „Die Kranken wurden nur mit etwas Aspirin gegen alle Krankheiten und mit Kohletabletten gegen Durchfall behandelt."[74] Weiterhin wurden physikalische Maßnahmen wie Brustwickel angewendet. Eine basale Wundversorgung (Inzision, Drainage, Verbände) war möglich, aber keine größeren Operationen, da es keinen OP-Saal in Rottleberode gab. Im Häftlingskrankenbau Dora waren vor allem der Mangel an Narkosemitteln, Desinfektionsmitteln, Verbandsmaterial und Instrumenten die zentralen Probleme der Chirurgie.[75] Die Durchführung von Rippenfellpunktionen durch das medizinische Personal im Häftlingskrankenbau Rottleberode trotz der rudimentären Rahmenbedingungen spricht hingegen für ein hohes Maß an Qualifikation des Häftlingssanitätspersonals.[76]

Eigentlich war das zentrale SS-Sanitätslager Berlin für die Materiallieferung zuständig. Von dort kamen aber nur sehr unregelmäßige und unvollständige Lieferungen. Die etwas bessere Ausstattung im Häftlingskrankenbau Rottleberode lag daran, dass die Produktionsfirma Junkers im Vergleich zu Häftlingskrankenbauten in Baulagern zusätzliches Material für die Krankenversorgung zur Verfügung stellen musste, dem jedoch erst nach schriftlicher Aufforderung durch Personal des Häftlingskrankenbaus Rottleberode in Form der Lieferung von Aspirin und Papierbinden nachgegeben wurde.[77]

Ergebnis der Behandlung

Die stationäre medizinische Behandlung im Häftlingskrankenbau Rottleberode dauerte einige Tage bis maximal drei Wochen. Wurde der Patient in dieser Zeit als wieder arbeitsfähig eingestuft, wurde dieser entlassen, was nicht mit wirklicher Genesung verwechselt werden darf.[78] Manche Patienten erhielten noch zwei bis fünf Tage „Schonung". Die Schonung war meist ein abgetrennter Bereich, wo die Häftlinge nicht mehr medizinisch behandelt wurden, aber auch noch nicht arbeiten mussten.

Kranke aus dem Häftlingskrankenbau Rottleberode wurden in den Häftlingskrankenbau des Stammlagers transportiert, wenn die Arbeitskraft nach einigen Wochen noch nicht wiederhergestellt worden war, sich der Zustand verschlechtert hatte, Komplikationen aufgetreten waren oder eine Isolation (z.B. bei Tuberkulose), spezielle Untersuchungen (z.B. Sputum, Röntgen, Augenarzt) oder Therapien (z.B. OP) nötig wurden. Von April bis Oktober 1944 gab es Überstellungen von

Kranken nach Buchenwald (63 Häftlinge), danach nach Dora (37 Häftlinge).[79] Der ehemalige Häftling André Carre berichtete von den Transporten: „Wenn sie nach Ablauf dieser Zeitspanne nicht fähig waren, ihre Arbeit wieder aufzunehmen, wurden sie nach Dora gebracht, und man sah sie nie wieder."[80] Während kranke normalerweise durch „arbeitsfähige" Häftlinge aus dem Stammlager ersetzt wurden, war dies bei den Produktionshäftlingen nicht ohne Weiteres möglich, da besondere Qualifikationen nicht einfach ersetzt werden konnten. So wünschte sich der SS-Kommandoführer des Außenlagers Rottleberode explizit, dass ein Produktionshäftling aus dem Kommando Thyra nach erfolgter Operation wieder in dieses zurückkehren sollte.[81] Von zwei Patienten, die in den Häftlingskrankenbau Buchenwald zur Operation überstellt wurden, sind die OP-Berichte erhalten geblieben. So wurden eine Operation bei Blinddarmentzündung und eine Eröffnung der Brusthöhle mit Rippenentfernung bei Rippenfellentzündung (Abb. 5.6) durch den SS-Standortarzt Schiedlausky durchgeführt. Laut OP-Bericht assistierte ihm dabei Häftlingssanitätspersonal, so z.B. der französische Chirurg Jacques Poupault (geb. 1905), der später in den Häftlings-krankenbau Dora versetzt wurde. Eine Operation war nicht immer lebensrettend, so ist der Patient mit der großen Operation in der Brusthöhle kurze Zeit später verstorben.[82]

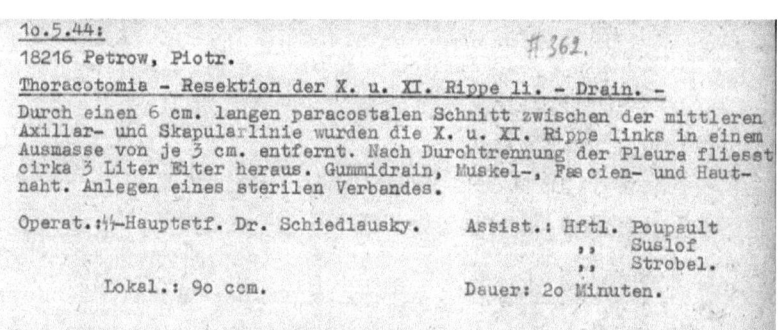

Abb. 5.6: Operationsbericht des 20-jährigen russischen Häftlings Piotr (oder Petro/Petr) Petrow (1923–1944), der aus dem Häftlingskrankenbau Rottleberode ins Konzentrationslager Buchenwald transportiert wurde und dort kurz darauf an den Folgen einer eitrigen Rippenfellentzündung starb. Arolsen Archives

Da es in Rottleberode keine Isolationsmöglichkeiten von ansteckenden Erkrankungen gab, wurden diese Patienten in den Häftlingskrankenbau des Stammlagers transportiert. Zudem entschied im Häftlings-krankenbau Dora eine Selektion mittels Diagnostik bei Tuberkulose-kranken über Behandlung oder Vernachlässigung.[83] Zunächst wurde ein Röntgen des Brustkorbs auf verdächtige Lungenveränderungen und eine Untersuchung des Sputums auf Tuberkelbakterien durchgeführt.[84] War die Tuberkulose behandelbar und noch nicht infektiös kamen die Patienten im HKB Dora in die Infektionsabteilung (Block 39) und wurden medizinisch behandelt. Bei infektiöser Tuberkulose kamen sie hingegen in die Tuberkuloseabteilung (Block 39 A). Diese war innerhalb des Häftlingskrankenbaus Dora eine Sterbezone. Medizinische Behandlung fand dort nicht mehr statt.[85] Mindestens ein Häftling aus dem Häftlingskrankenbau Rottleberode ist im Block 39 A nach einem Monat Aufenthalt verstorben.[86]

Von manchen ehemaligen Häftlingen des Außenlagers Rottleberode wurden Tötungen von Häftlingen durch Injektionen durch den SS-Sanitätsdienstgrad Paul Maischein im Häftlingskrankenbau Rottleberode beobachtet. Andere Häftlinge stritten ab, dass es so etwas gegeben habe. Da viele Häftlinge (besonders jüdische) bereits Erfahrungen in Vernichtungslagern gemacht hatten, bevor sie nach Rottleberode kamen, ist es auch möglich das sich hier Erinnerungen überlagern. Im Mittelbau-Komplex wurden tödliche Injektionen zumindest nicht systematisch angewendet.[87] In anderen Konzentrations-lagern waren Tötungen von Kranken verbreitet, unter anderem auch mit Injektionen. Auch wenn die Anwendung offiziell im Frühjahr 1943 wegen des hohen Arbeitskräftebedarfs eingeschränkt wurde, wurden bis Kriegsende kranke Häftlinge getötet.[88] Krankheit und Sterben waren Alltag im Außenlager Rottleberode. Letztlich starben dort insgesamt circa 150 Menschen.[89]

Anmerkungen

[1] Wo im Folgenden zur besseren Übersichtlichkeit die maskuline Endung verwendet wird, sind alle Geschlechter gleichermaßen gemeint.

[2] KIOSZE 2022, S. 12. – TAUKE 1996, S. 67. – TAUKE 2005, S. 31.

[3] DROBISCH 2001, S. 221ff. – SOFSKY 1993, S. 43.

[4] KAIENBURG 1990, S. 325. – KIOSZE 2022, S. 69. –TAUKE 1996, S. 46ff. – TAUKE 2005, S. 30, S. 81. – WAGNER 2004, S. 483.

[5] Diese Einrichtungen der Krankenversorgung wurden meist als Häftlingskrankenbau (HKB) oder Revier bezeichnet, in Bezug auf Rottleberode wird in den Quellen meist von HKB gesprochen.

[6] TAUKE 1996, S. 50, S. 57ff. – TAUKE 2005, S. 37 – WAGNER 2004, S. 487f.

[7] Transportliste Heinrich, 13.3.1944, 1.1.5.1/5319894/ITS Digital Archive, Arolsen Archives. – Transport Heinrich, ohne Datum, 1.1.5.1/5319900/ITS Digital Archive, Arolsen Archives.

[8] Zur Krankenversorgung im Häftlingskrankenbau (HKB) Dora siehe: KIOSZE/STEGER 2020. – KIOSZE 2022. – SELLIER 2000. – TAUKE 1996. – TAUKE 2005. – WAGNER 2004, S. 482ff.

[9] Als Quellen dienten vor allem zeitgenössische SS-Dokumente, Unterlagen der Nachkriegsprozesse und Erinnerungsberichte ehemaliger Häftlinge, die auf ganz unterschiedliche Archive verteilt sind z.B. Bundesarchiv Berlin-Lichterfelde (BArch Berlin), Dokumentationsstelle KZ-Gedenkstätte Mittelbau-Dora Nordhausen (DMD), Federale Overheidsdienst (FOD) Sociale Zekerheid, Directie-generaal Oorlogsslachtoffers, Dienst Archieven en Documentatie Brüssel, Arolsen Archives (früher: International Tracing Service) Bad Arolsen (ITS Digital Archive), Landesarchiv Nordrhein-Westfalen Duisburg Abteilung Rheinland (LAV NRW R), National Archives Washington, D.C. (NAW) und Thüringisches Hauptstaatsarchiv Weimar (ThHStAW). Eine detaillierte Übersicht über Archive und Quellen findet sich z.B. in KIOSZE 2022, S. 12ff.

[10] Er wird jedoch teilweise in den bisherigen Veröffentlichungen zum Außenlager Rottleberode besprochen z.B. HALMANNS 1997. – VOLKMANN 2013. – WAGNER 2008, S. 331–333. Am meisten Sekundärliteratur zu einem der Protagonisten der Krankenversorgung in Rottleberode gibt es zum ehemaligen Häftling Johnny Nicholas z.B. ARICH-GERZ 2009, S. 51ff. – LUSANE 2002, S. 219ff. – McCANN/SMITH 2011. – SCHAFFT 1992.

[11] Die Dokumentation der ambulanten Krankenbehandlung wurde nicht überliefert. Da eine Aufnahmeliste der stationären Behandlungen des

Häftlingskrankenbaus Rottleberode fehlt, war keine systematische Auswertung von Krankenakten möglich. Vermutlich wurden diese Dokumente, wie in den meisten Konzentrationslagern, bei Auflösung des Lagers von der SS vernichtet.

[12] Die Prozessunterlagen finden sich in den National Archives Washington, D.C. Kopien davon sind beispielweise in der Dokumentationsstelle KZ-Gedenkstätte Mittelbau-Dora Nordhausen und im Institut für Zeitgeschichte München zu finden.

[13] Aussage Armandus Weber, 1947, NAW, M-1079, Roll 8, S. 5111.

[14] SELLIER 2000, S. 567 zitiert den Erinnerungsbericht „Fernand Maistriaux: Souvenirs tragiques d'avril 1945", dieser ließ sich jedoch in den angefragten Archiven (Algemeen Rijksarchief, DMD, La Coupole) nicht auffinden.

[15] Schreiben Amtsgruppe D SS-Wirtschafts- und Verwaltungshauptamt, Betreff: Ärztliche Tätigkeit in den Konz.-Lagern, 28.12.1942, ThHStAW, KZ und Hafta Nr. 9, Bl. 24r.

[16] Produktionshäftlinge wurden meist in der Produktion von Rüstungsgütern eingesetzt, Bauhäftlinge dagegen auf Baustellen.

[17] KAIENBURG 1990, S. 325. – KIOSZE 2022, S. 69. –TAUKE 1996, S. 46ff. – TAUKE 2005, S. 30, S. 81. – WAGNER 2004, S. 483.

[18] KIOSZE 2022, S. 25, S. 41f., S. 73. – KIOSZE/STEGER 2020, S. 3.

[19] Bericht Ding-Schuler, Besichtigung der Werke Anhydrit und A5, 21.03.1944, BArch Berlin, NS 48/26, Bl. 264f.

[20] Bericht Ding-Schuler, Besichtigung der Werke Anhydrit und A5, 21.03.1944, BArch Berlin, NS 48/26, Bl. 265.

[21] Aktennotiz Schiedlausky, Kommando A V, 27.3.1944, ThHStAW, KZ und Hafta Nr. 11, Bl. 39r. – Schreiben Dr. Ehrlich, Aussenkommandos A4, A5 und A6, 9.8.1944, ThHStAW, KZ und Hafta Nr. 11, Bl. 5v.

[22] Schreiben Dr. Ehrlich, Aussenkommandos A4, A5 und A6, 9.8.1944, ThHStAW, KZ und Hafta Nr. 11, Bl. 5v.

[23] Erinnerungsbericht Karl Semmler, DMD, P1, Bd. 226, S. 3.

[24] Schreiben Ding-Schuler an Mrugowsky, 22.6.1944, BArch Berlin, NS 48/26, Bl. 72. – WAGNER 2004, S. 486.

[25] Schreiben Erwin Ding-Schuler, Bauvorhaben Mittelbau, 9.10.1944, BArch Berlin, NS 48/27, unpag. – KIOSZE 2022, S. 74.

[26] Bericht Ding-Schuler, Besichtigung der Werke Anhydrit und A5, 21.3.1944, BArch Berlin, NS 48/26, Bl. 265.

[27] Schreiben Dr. Ehrlich, Aussenkommandos A4, A5 und A6, 09.08.1944, ThHStAW, KZ und Hafta Nr. 11, Bl. 5r. –WAGNER 2004, S. 480f. – WAGNER 2008, S. 331.

[28] Schreiben Dr. Ehrlich, Aussenkommandos A4, A5 und A6, 9.8.1944, ThHStAW, KZ und Hafta Nr. 11, Bl. 5r. – Aussage Richard Schraven, 1947, NAW, M-1079, Roll 8, S. 5185. – Aussage Boruch Seidel, 1947, NAW, M-1079, Roll 6, S. 546. – TAUKE 1996, S. 57.

[29] Aussage Richard Schraven, 1947, NAW, M-1079, Roll 8, S. 5185. – TAUKE 1996, S. 58.

[30] Aussage Walter Ulbricht, 1947, NAW, M-1079, Roll 9, S. 5635.

[31] Thyra-Werk war die Tarnbezeichnung für die Produktionsanlage der Junkers Flugzeug- und Motorenwerke AG in der Heimkehle-Höhle.

[32] Aktennotiz Schiedlausky, Aussenkommando Rottleberode (A5), 3.10.1944, ThHStAW, NS 4Bu Nr. 54, Bl. 205.

[33] Monatsbericht über den San.-Dienst im K.L. Buchenwald, 31.10.1944, ThHStAW, KZ und Hafta Nr. 10, Bl. 116; Ding-Schuler, Aktenvermerk Arbeitslager Dora, 27.10.1944, FOD Sociale Zekerheid (Brüssel), 1546/ Ding-Schuler, Bl. 233. – Aussage Romuald Bak, 1947, NAW, M-1079, Roll 7, S. 1430. – KIOSZE 2022, S. 62ff. –WAGNER 2004, S. 290, S. 296, S. 331.

[34] Namentliches Verzeichnis der Kommandantur K.L. Mittelbau, 26.3.1945, LAV NRW R, Gerichte Rep. 229 Nr. 295, Bl. 28. – Bericht Ding-Schuler, Besichtigung der Werke Anhydrit und A5, 21.3.1944, BArch Berlin, NS 48/26, Bl. 265. – Personalübersicht Schiedlausky, 25.4.1944, ThHStAW, KZ und Hafta Nr. 10, Bl. 292r. – Monatsübersicht San.-Dienst im K.L. Buchenwald 31.5.1944, ThHStAW, KZ und Hafta Nr. 10, Bl. 242r. – Personalübersicht Schiedlausky, 30.6.1944, ThHStAW, KZ und Hafta Nr. 10, Bl. 196r. – Personalübersicht Schiedlausky, 30.9.1944, ThHStAW, KZ und Hafta Nr. 10, Bl. 178r. –Personalübersicht Schiedlausky, 30.9.1944, ThHStAW, KZ und Hafta Nr. 10, Bl. 145r. – Personalübersicht Schiedlausky, 31.10.1944, ThHStAW, KZ und Hafta Nr. 10, Bl.120r. – Übersicht K.L. Mittelbau, 31.12.1944, 1.1.27.1/2539023/ITS Digital Archive, Arolsen Archives. – Übersicht K.L. Mittelbau, 31.01.1945, 1.1.27.1/2539024/ITS Digital Archive, Arolsen Archives. – Aussage Vaclav Polak, 1947, NAW, M-1079, Roll 6, Frame 1011. – Aussage Karl Kahr, 1947, NAW, M-1079, Roll 8, Frame 0630. – Aussage Paul Maischein, 1947, NAW, M-1079, Roll 5, Frame 0447. – Aussage Walter Ulbricht, 1947, NAW, M-1079, Roll 9, S. 5631. – TAUKE 1996,

S. 58, Anhang Übersicht medizinisches Personal. – VOLKMANN 2013, S. 27. – WAGNER 2004, S. 656.

[35] Aussage Karl Kahr, 1947, NAW, M-1079, Roll 8, Frame 0607f. – TAUKE 1996, S. 85.

[36] Übersicht des Standortarztes Buchenwald, 25.2.1944, ThHStAW, KZ und Hafta Nr. 10, Bl. 341r. – KIOSZE 2022, S. 72. – WAGNER 2004, S. 298, S. 670.

[37] Aussage Paul Maischein, 1947, NAW, M-1079, Roll 5, Frame 0447f.

[38] Aussage Paul Maischein, 1947, NAW, M-1079, Roll 5, Frame 0447. – Aussage Paul Maischein, 1947, NAW, M-1079, Roll 11, Frame 1233.

[39] Aussage Boruch Seidel, 1947, NAW, M-1079, Roll 6, S. 488, S. 521f. – Aussage Valentin Kovalj, 1947, M-1079, Roll 7, S. 1921f. – Aussage Romuald Bak, 1947, NAW, M-1079, Roll 7, S. 1418f. – HALMANS 1997, S. 257. – TAUKE 1996, S. 94. – VOLKMANN 2013, S. 27, S. 31.

[40] Chef Amt DIII SS-WVHA, Betreff: Einsatz der SDG, 13.10.1944, ThHStAW, KZ und Hafta Nr. 10, Bl. 134r. – KIOSZE 2022, S. 71.

[41] Aussage Paul Maischein, 1947, NAW, M-1079, Roll 5, Frame 0447.

[42] Aussage Armandus Weber, 1947, NAW, M-1079, Roll 8, S. 5112. – KIOSZE 2022, S. 74, S. 87ff., S. 105, S. 113f. TAUKE 1996, S. 78, S. 86. – WAGNER 2004, S. 298, S. 395, S. 431ff.

[43] Schreiben Schiedlausky, Kommando A5, 11.7.1944, ThHStAW, NS 4Bu Nr. 54, Bl. 208. – KIOSZE 2022, S. 8of.

[44] LEY/MORSCH 2007, S. 70. – WACHSMANN 2016, S. 202, S. 489.

[45] WAGNER 2004, S. 395f.; SOFSKY 1993, S. 31; KIOSZE 2022, S. 86f.

[46] KIOSZE 2022, S. 110. – WAGNER 2007, S. 100.

[47] KIOSZE 2022, S. 114.

[48] Transportliste Heinrich, 13.3.1944, 1.1.5.1/5319894/ITS Digital Archive, Arolsen Archives. – Transport Heinrich, ohne Datum, 1.1.5.1/5319900/ITS Digital Archive, Arolsen Archives.

[49] Transportliste Heinrich, 13.3.1944, 1.1.5.1/5319894/ITS Digital Archive, Arolsen Archives. – Transport Heinrich, ohne Datum, 1.1.5.1/5319900/ITS Digital Archive, Arolsen Archives. – Akte Karl Reuter, 2.3.1.2/130554424/ITS Digital Archive, Arolsen Archives. – Schreiben Kommandoführer A5, 30.6.1944, 1.1.5.1/5319920/ITS Digital Archive, Arolsen Archives.

[50] Schreiben Gerhard Schiedlausky, 11.5.1944, ThHStAW, NS 4Bu Nr. 54, Bl. 217. – KIOSZE 2022, S. 124. – WAGNER 2004, S. 399.

[51] Akte Joseph Robert, 1.1.5.3/6933692/ITS Digital Archive, Arolsen Archives. – http://www.afmd-allier.com/PBCPPlayer.asp?ID=1278226, abgerufen am 27.8.2024.

[52] Veränderungsmeldung KL Buchenwald, 1.6.1944, 1.1.5.1/5283040/ITS Digital Archive, Arolsen Archives.– Akte von Robert Gandar, 1.1.5.3/5919781/ITS Digital Archive, Arolsen Archives. – Akte Robert Gandar, 1.1.5.3/5919783/ITS Digital Archive, Arolsen Archives. – SELLIER 2000, S. 144f. – THIÉRY 2020, S. 907.

[53] THIÉRY 2020, S. 907.

[54] SELLIER 2000, S. 273.

[55] Schreiben Gerhard Schiedlausky, 11.7.1944, ThHStAW, NS 4Bu Nr. 54, Bl. 208.

[56] Aussage Richard Schraven, 1947, NAW, M-1079, Roll 8, S. 5186. – Akte Fernand Maistriaux, 1.1.5.3/6544971/ITS Digital Archive, Arolsen Archives. – Akte Fernand Maistriaux, 1.1.5.3/6544973/ITS Digital Archive, Arolsen Archives. – SELLIER 2000, S. 273.

[57] SELLIER 2000, S. 273.

[58] Akte Johann Pacer, 1.1.5.3/6763193/ITS Digital Archive, Arolsen Archives. – Akte Johann Patzer, 1.1.5.3/6782908/ITS Digital Archive, Arolsen Archives. – Akte Johann Patzer, 1.1.5.3/6782909/ITS Digital Archive, Arolsen Archives. – Akte Johann Patzer, 1.1.5.3/6782911/ITS Digital Archive, Arolsen Archives. – Akte Johann Patzer, 1.1.5.3/6782913/ITS Digital Archive, Arolsen Archives.

[59] Aussage Paul Maischein, 1947, NAW, M-1079, Roll 11, Frame 1234. – Akte Johanny Nicolas, 1.1.5.3/6708412/ITS Digital Archive, Arolsen Archives. – Akte Johny Nikolas, 1.1.27.2/2678263/ITS Digital Archive, Arolsen Archives. – MCCANN/SMITH 2011. – SELLIER 2000, S. 275. – THIÉRY 2020, S. 1691.

[60] KAIENBURG 1990, S. 174f. – KIOSZE 2022, S. 118. – TAUKE 1996, S. 93.

[61] Aussage Boruch Seidel, 1947, NAW, M-1079, Roll 6, S. 488, S. 499. – KIOSZE 2022, S. 120.

[62] KIOSZE 2022, S. 121ff. – TAUKE 1996, S. 124. – TAUKE 2005, S. 36. – WAGNER 2004, S. 490.

[63] Schreiben Gerhard Schiedlausky, 11.5.1944, ThHStAW, NS 4Bu Nr. 54, Bl. 217. – KIOSZE 2022, S. 124.

[64] KIOSZE 2022, S. 135.

[65] Aussage Boruch Seidel, 1947, NAW, M-1079, Roll 6, S. 499.

[66] Aussage Boruch Seidel, 1947, NAW, M-1079, Roll 6, S. 488, S. 521f. – Aussage Valentin Kovalj, 1947, M-1079, Roll 7, S. 1921f. – Aussage Romuald Bak, 1947,

NAW, M-1079, Roll 7, S. 1418f. – HALMANS 1997, S. 257. – TAUKE 1996, S. 94. – VOLKMANN 2013, S. 27, S. 31.

[67] Aussage Fritz de la Cour, 1947, NAW, M-1079, Roll 2, Frame 0479. – Erinnerungsbericht Hessel Louws Groeneveld in: HOMAN 1992, S. 10. – McCANN/SMITH 2011, S. 5, S. 176. –SELLIER 2000, S. 275. – THIÉRY 2020, S. 1691.

[68] Aussage Armandus Weber, 1947, NAW, M-1079, Roll 8, S. 5112. – TAUKE 1996, S. 94f.

[69] Erinnerungsbericht André Carre, DMD, P1, Bd. 190. – KIOSZE 2022, S. 116f. – SELLIER 2000, S. 102. – TAUKE 1996, S. 92. – WAGNER 2004, S. 491.

[70] Krankenstatistik HKB Rottleberode, 20.11.1944, NAW, M-1079, Roll 1, Frame 0771. – TAUKE 1996, S. 50. – VOLKMANN 2013, S. 26.

[71] TAUKE 1996, S. 50.

[72] Kommando A5 Krankenstatistik 15.3.–15.4.1944, ThHStAW, NS 4Bu Nr. 54, Bl. 218. – Kommando A5 Krankenstatistik 15.4.–15.5.1944, ThHStAW, NS 4Bu Nr. 54, Bl. 215. – Kommando A5 Krankenstatistik 15.5.–15.6.1944, ThHStAW, NS 4Bu Nr. 54, Bl. 211. – Kommando A5 Krankenstatistik 15.6.–15.7.1944, ThHStAW, NS 4Bu Nr. 54, Bl. 209. – Krankenstatistik HKB Rottleberode, 20.11.1944, NAW, M-1079, Roll 1, Frame 0771.

[73] KIOSZE 2022, S. 142.

[74] Erinnerungsbericht André Carre, DMD, P1, Bd. 190.

[75] KIOSZE 2022, S. 154f. –TAUKE 1996, S. 96. – TAUKE 2005, S. 34.

[76] Krankenakte F.P. 1.1.5.3/6782790. – Krankenakte P.L. 1.1.5.3/6506184. – SELLIER 2000, S. 273. – THIÉRY 2020, S. 907.

[77] Aussage Josef Ackermann, 1947, NAW, M-1079, Roll 6, Frame 0179. – Aussage Paul Maischein, 1947, NAW, M-1079, Roll 5, Frame 0447. – Aussage Walter Ulbricht, 1947, NAW, M-1079, Roll 9, S. 5635. – KIOSZE 2022, S. 156f. – TAUKE 1996, S. 76, S. 99. – VOLKMANN 2013, S. 26f. – WAGNER 2004, S. 488f.

[78] KIOSZE 2022, S. 172ff. – TAUKE 1996, S. 46f., S. 108. – TAUKE 2005, S. 31. – WAGNER 2004, S. 483.

[79] Transportliste Kdo. A V.,15.4.1944 1.1.5.1/5319904/ITS Digital Archive, Arolsen Archives. –Transportliste SS-Kommando A5, 21.5.1944 1.1.5.1/5319913/ITS Digital Archive, Arolsen Archives. – Transportliste SS-Kommando A5, 31.5.1944 1.1.5.1/5319914/ITS Digital Archive, Arolsen Archives. – Transportliste SS Kommando A5, 11.6.1944 1.1.5.1/5319915/ITS Digital Archive, Arolsen Archives. – Transportliste SS Kommando A5, 15.6.1944 1.1.5.1/5319917/ITS Digital Archive, Arolsen Archives. – Transportliste SS-

Kommando A5, 10.7.1944 1.1.5.1/5319923/ITS Digital Archive, Arolsen Archives. – Transportliste SS-Ko. Rottleberode, 9.10.1944 1.1.5.1/5319936/ITS Digital Archive, Arolsen Archives. – Transportliste SS-Kommando Rottleberode 20.10.1944 1.1.5.1/5319937/ITS Digital Archive, Arolsen Archives. – Aufnahmen und Entlassungen des Häftlingskrankenbaus Mittelbau I, 1.1.27.1/2534700ff. /ITS Digital Archive, Arolsen Archives. – Transporte kranker Häftlinge des Außenlagers Rottleberode zum Häftlingskrankenbau Mittelbau I, 1.1.27.1/2536076ff./ITS Digital Archive, Arolsen Archives. – KIOSZE 2022, S. 127ff. – TAUKE 1996, S. 50.

[80] Erinnerungsbericht André Carre, DMD, P1, Bd. 190.

[81] Transportliste SS-Kommando Rottleberode 20.10.1944 1.1.5.1/5319937/ITS Digital Archive, Arolsen Archives.

[82] OP-Bericht M.M. 1.1.5.3/6547188/ITS Digital Archive, Arolsen Archives. – OP-Bericht P.P. 1.1.5.3/6810633/ITS Digital Archive, Arolsen Archives. – Todesbescheinigung P.P. 1.1.5.3/6810632/ITS Digital Archive, Arolsen Archives.

[83] KIOSZE/STEGER 2020, S. 7.

[84] Krankenakte J. I., 1.1.27.2/2617429/ITS Digital Archive, Arolsen Achives. – Krankenakte J. I., 1.1.27.2/2617431/ITS Digital Archive, Arolsen Archives.

[85] KIOSZE/STEGER 2020, S. 8. – KIOSZE 2022, S. 204. – TAUKE 1996, S. 102. – TAUKE 2005, S. 37.

[86] Akte M.S. 1.1.27.2/2713867/ITS Digital Archive, Arolsen Archives.

[87] Aussage Valentin Kovalj, 1947, NAW, M-1079, Roll 7, S. 1922ff. – Aussage Boruch Seidel, 1947, NAW, M-1079, Roll 6, S. 492, S. 498ff., S. 548. – Aussage Walter Ulbricht, 1947, NAW, M-1079, Roll 9, S. 5635f. – Aussage Richard Schraven, 1947, NAW, M-1079, Roll 8, S. 5205. – Aussage Paul Maischein, 1947, NAW, M-1079, Roll 5, Frame 0448. – HALMANS 1997, S. 257f. – KIOSZE/STEGER 2020, S. 8. – KIOSZE 2022, S. 198. – TAUKE 1996, S. 107f. – WAGNER 2004, S. 491. – WAGNER 2008, S. 332.

[88] HÖRDLER 2015, S. 118. – KAIENBURG 1990, S. 179, S. 370. – KIOSZE 2022, S. 196. – LEY/MORSCH 2007, S. 326. – WACHSMANN 2016, S. 301, S. 457, S. 489.

[89] WAGNER 2008, S. 332.

Quelle 6: Beschreibung eines Todesmarsches

Der nachfolgende Bericht des Todesmarsches der Häftlinge aus dem Lager Rottleberode ist gekürzt und aus zwei Aussagen des Zeitzeugen Romuald Bak zusammengestellt. Er wurde am 20.6.46, am 1.10.46 und am 3.6.47 vernommen. Ein Abschnitt aus einer späteren Aussage wurde zur besseren Lesbarkeit in den ersten Bericht eingefügt, wie in der Fußnote vermerkt ist. Die Abschrift der Vernehmungen von Romuald Bak befinden sich in den Arolsen Archives: https://collections.arolsen-archives.org/de/archive/1-1-27-0_9031600

Am 16. September 1944 wurde ich verhaftet und verdächtigt, bei der A.K. (Vermerk des Übersetzers: A.K. bedeutet „Landarmee") mitgemacht zu haben. Dann wurde ich in das KL Ausschwitz gebracht. Nach einem kurzen Aufenthalt in Auschwitz wurde ich nach Buchenwald überführt. Vom 1. November 1944 an wurde ich in der Rottleberode-Gruppe zugeordnet. Dort lautete meine Registriernummer 90,385. Bis zum 4. April 1945 verblieb ich in Rottleberode. An diesem Tag wurde ein Teil der Lagerinsassen, d.h. ca. 300 Männer, zum „Mutterlager Dora" geschickt.

In „Dora" wurden wir in Eisenbahnwaggons verladen und dann mit einem Transport zu einem Ort namens „Miste" evakuiert.[1] Dies zog sich hin bis zum 11. April morgens. Dieser Transport setzte sich aus über 200 Häftlingen zusammen. Die meisten von ihnen waren Polen. Wir wurden von SS-Männern von verschiedenen Lagern begleitet. Falls ich mich nicht täusche, war der Kommandeur des Lagers Rottleberode als Führer für diesen

---

[1] Mieste bei Gardelegen.

Transport verantwortlich. Ich kenne seinen Namen nicht. Er war ein junger Unteroffizier der SS.[2]

Bevor wir Miste verließen, befahl Brauny, daß die kranken und schwachen Häftlinge im LKW zurückbleiben sollten. Nachdem wir Miste 15 Minuten zuvor verlassen hatten, wurden wir aus der Luft von amerikan. Flugzeugen aus mit Maschinengewehren beschlossen und zwei Freunde von mir versuchten wegzulaufen. Sie kehrten zu den Eisenbahnwaggons zurück zurück, in denen die ca. 200 kranken und schwachen Häftlinge hätten sein sollen und alles, was sie fanden, waren ca. 200 Leichen. Ich weiß dies, denn diese zwei Freunde kehrten später zu mir zurück und erzählten mir davon. All dies passierte am 11. April 1945, deshalb geschah dies wahrscheinlich auf Braunys Befehl hin, daß diese 200 Häftlinge erschossen wurden. Ich würde gerne hinzufügen, daß jede Wache ein Schrecken war, es gab ein „menschliches Lebewesen" unter diesen Wachen. Dieser war ein Mann aus Wien.[3]
[...]

Nachdem wir den Zug verlassen hatten, marschierte der gesamte Transport von Häftlingen während des ganzen Tages am 11. April von Miste in Richtung Stendal. Als wir durch den Wald marschierten, versuchten einige der Häftlinge zu fliehen. Der SS-Mann schoß auf die Flüchtenden. Ich sah, wie ein SS-Mann einen Polen erschoß. Ich kenne weder den Namen des Polen noch den des SS-Mannes.

Die gesamte Marschgruppe verblieb als eine Einheit bis ungefähr zum Abend, d.h. bis zur Dämmerung des 11. April. Dann trat ein deutscher Offizier ein und informierte uns, daß amerikan. Panzerwagen gerade dort angekommen waren, wohin wir hätten marschieren sollen. Aufgrund dieser Neuigkeit begann unsere Eskorte nach für nach zu verschwinden und die Häftlinge blieben

---

[2] Eberhard Brauny

[3] Dieser Absatz entstammt aus einer späteren Befragung von Romuald Bak in der Abteilung Dachau, 7708 Kriegsverbrechengruppe, Afo 407, U.S. Armee am 3. Juni 1947, zu finden unter derselben Signatur

sich selbst überlassen, und zwar auf einer Landstraße, die sich wahrscheinlich in der Umgebung des Dorfes Wipke befand.[4]

Wir befanden uns nicht in Freiheit und blieben in kleinen Gruppen in den Wäldern der Umgebung bis circa zum Mittag des 13. April. In der Zwischenzeit wurde uns von polnischen Zivilisten berichtet, daß die SS-Männer und der „Volkssturm" diejenigen Häftlinge erschossen, welche in dieser Umgebung gefangengenommen wurden. Ich blieb mit einer Gruppe von Polen in den Wäldern bis zum Mittag des 13. April. Dann traf dort ein deutscher Bauer ein und sagte uns, wir sollten zum nächsten Dorf gehen und von dort nach Gardelegen. Dies taten wir unverzüglich, denn aus verschiedenen Umständen zogen wir den Schluß, daß das Kämpfen in der Umgebung aufgehört hatte. In Pferdewagen fuhren wir in die Gegen der Kaserne von Gardelegen.[5] Auf dem Weg wurden wir von Polen gewarnt, nicht dorthin zu gehen, weil in Gardelegen einige Polen von SS-Männern ermordet worden wären. Wir betrachteten dieses Gerede als Gerüchte und setzten unseren Weg fort. Ich möchte hinzufügen, daß wir in von deutschen oder ukrainischen Bauern gefahrenen Karren fuhren und ohne irgendeine Begleitung. Jedoch hat, wenn ich mich nicht täusche, das Bürgereister des Dorfes Wibke die Wagen zur Versorgung gestellt.

In der Umgebung der Gardelegener Kaserne, welche bereits von Wachposten bewacht wurde, wurden wir von den Deutschen oder von denen die vorgaben, Deutsche zu sein, getrennt. Abends vor der Dämmerung wurde ich selbst mit meiner Gruppe sowie eine andere Gruppe, die bereits in Gardlegen angekommen war oder später angekommen war, in einer großen Scheune, 1 km von der Kaserne entfernt, eingeschlossen. Circa 1300 Menschen wurden in dieser Scheune eingeschlossen. Die meisten davon waren Polen. Ich schätze, daß circa 2/3 der gesamten Gruppe

---

[4] Wiepke bei Gardelegen.

[5] Es handelt sich um die sogenannte Remonteschule in Gardelegen, das Gebäude wurde in den 1990er-Jahren abgerissen.

Polen waren. Diese Scheune wurde von SS-Männern, die zu unserem Lager gehörten oder zu anderen Lagern, bewacht. Einige von ihnen waren SS-Männer aus der Gardelegener Kaserne oder einige Häftlinge, die von uns getrennt worden waren, da sie beansprucht hatten, Deutsche zu sein.

Bevor ich die Scheune betrat, bemerkte ich keinerlei Vorbereitungen, die darauf abzielten, uns dort zu vernichten. Im Gegenteil, das Benehmen der ungefähr 30 Wachen war ziemlich mild. Nachdem wir in dieser Scheune eingeschlossen worden waren, war eine halbe Stunde lang alles ruhig. Einige Häftlinge hatten sich bereits zum Schlafen hingelegt. Plötzlich, nach besagter halber Stunde, wurde grundlos und ohne Rufen die Scheunentür von innen her geöffnet. Ein gewisser SS-Mann eilte in die Scheune und warf etwas, was ich nicht beschreiben konnte im ersten Moment. Dann gab es eine ca. 2 Meter hohe Flamme die explodierte.

Ich war nicht in der Lage, genau festzustellen, ob es sich um ein Rauchelement[6] handelte oder um ein mit Benzin gesprenkeltes Strohbündel. Jedoch sah ich im Licht der Flamme einen SS-Mann, der gerade dann herausrannte. Hinter ihm lief ein bestimmter Häftling ein paar Sekunden später ebenfalls hinaus. Er versuchte, durch die vom SS-Mann offengelassene Tür zu fliehen. Daraufhin wurde ein einzelner Schuß abgefeuert. Danach wurden aus automatischen Waffen einige kurze Reihen von Schüssen abgegeben.

Dann eilte zum 2. Mal ein SS-Mann in die Scheune und warf erneut etwas, um in Brand zu stecken. Einzelne Schüsse und Serien von Schüssen, welche von außerhalb durch die offene Scheunentür abgefeuert wurden, hallten jetzt wider. Zu diesem Zeitpunkt versuchten die Häftlinge nicht zu fliehen, denn sie waren mit dem Löschen des Feuers beschäftigt.

Nachdem das Feuer von den Häftlingen gelöscht war, schossen die Wachen weiterhin durch die offene Tür und dieses

---

[6] Vermutlich eine Art Rauch- oder Nebelgranate.

Schießen ging mit kurzen Unterbrechungen weiter. Etwas später versammelten sich mehrere Häftlinge, die meisten von ihnen waren Russen, beim gegenüberliegenden Scheunentor, um von dort nach draußen zu gelangen. Gerade in dem Augenblick als sie durch dieses Tor ins Freie liefen, wurden sie mit einem so furchtbaren Maschinengewehrfeuer „begrüßt", daß ein Berg von Leichen sich vor der Türschwelle aufhäufte und soweit ein Hindernis für die anderen Häftlingen welche zu fliehen versuchten, darstellte.

Ich bemerkte nicht, ob diese Tür von den SS-Männern mit Absicht geöffnet wurde oder ob diese Häftlinge, die zu fliehen versuchten, um ihr Leben zu retten, sie aufgebrochen hatten, bevor die Scheune irgendwann niederbrennen würde. Außerdem war es schwierig, dies wegen der Menschenmassen und des Gewühls, das zu jener Zeit in der Scheune herrschte, festzustellen.

Während der ganzen Zeit warfen die SS-Männer Handgranaten in die Scheune, schossen mit einfachen Gewehren und Maschinenwaffen durch die Tür durch welche wir die Scheune betreten hatten und durch die andere Tür, durch die die Häftlinge zu fliehen versucht hatten. Diese Türen sind als Tür Nr. 1 und 3 in beiliegender Skizze vermerkt.[7]

Zu diesem Zeitpunkt begab ich mich zur Scheuentür Nr. 2, die noch geschlossen war. Dort begann ich, mit Hilfe eines Messers ein Loch unter der Tür auszuheben, um ins Freie zu gelangen. Ich tat dies, weil Türen Nr. 1 und 3 fortwährend unter Beschuß durch die SS-Männer standen und es daher unmöglich war, durch diese Türen zu entfliehen. Jedoch bemerkte ich auch durch die Ritzen von Tür Nr. 2, daß es dort weniger Wachen gab. Die SS-Männer schossen weiter und warfen weiterhin Handgranaten durch die offenen Türen in die Scheune, während ich grub. Die Scheune war aus Steinen gebaut. Eine Handgranate fiel neben mir hinab und verletzte mich leicht. Durch die Explosion von Handgranaten

---

[7] Die Skizze ist nicht erhalten.

131

wurden in der Scheune Feuer verursacht, aber diese Feuer wurden sofort von den Häftlingen gelöscht.

Dieses Massaker dauerte circa drei Stunden lang, d.h. bis zu dem Zeitpunkt, an dem ich durch das Loch unter Tür Nr. 2 gegrabene Loch aus der Scheune kroch. Nach meiner Flucht hörte ich noch lange Zeit die Explosion von Granaten, welche aus Richtung Scheune dröhnte. Hieraus schlußfolgerte ich, daß diese Aktion mehrere Stunden lang andauerte. Als ich die Scheue verließ, brannte ein Teil davon bereits innen und als ich bereits draußen war, konnte ich die Flammen durch die Ventilatorenöffnungen sehen.

Ich versuchte etwas herauszufinden und wurde darüber informiert, daß von circa 1300 Menschen nur wenige gerettet wurden, d.h. 7 Polen, 3 Russen und 1 Franzose. [...]

Keine Befreiung: Die Räumung der KZ-Außenlager Rottleberode und Stempeda im Frühjahr 1945

Andreas Froese

Nur wenige Tage vor dem Eintreffen US-amerikanischer Truppen in der Südharz-Region zwang das Wachpersonal von SS und Wehrmacht die Häftlinge der beiden KZ-Außenlager Rottleberode und Stempeda im April 1945 auf mörderische Räumungstransporte und Todesmärsche. Damit verhinderten sie nicht nur deren nahe Befreiung, sondern verschleppten die Häftlinge kurz vor Kriegsende in die letzten großen nationalsozialistischen Verbrechenskomplexe: in Todesmarsch- und Endphaseverbrechen.[1] Dass KZ-Häftlinge nicht vor Ort befreit wurden, war in der Harzregion und darüber hinaus keine Ausnahme. Fast alle Außenlager des KZ-Komplexes Mittelbau waren bei der Ankunft alliierter Truppen entweder komplett geräumt oder mit nur noch wenigen Häftlingen belegt, die von den Wachmannschaften als nicht mehr „marschierfähig" zurückgelassen worden waren. Das galt letztlich auch für das Hauptlager des KZ-Komplexes am Südhang des Kohnsteins, in dem die US-Soldaten bei ihrer Ankunft am 11. April nur noch wenige Hundert entkräftete Häftlinge antrafen.[2]

In seiner späteren Befragung als Angeklagter im Dachauer Dora-Prozess gab der Lagerführer des KZ-Außenlagers Rottleberode, SS-Hauptscharführer Erhard Brauny, an, den Befehl zur Räumung des Lagers am 4. April 1945 aus der Kommandantur des Hauptlagers des KZ Mittelbau-Dora am Kohnstein erhalten zu haben. Diese zeitliche Verortung deckt sich mit dem Beginn der Räumung des Hauptlagers, aus dem am 4. und 5. April weitere Bahntransporte mit insgesamt mehreren Tausend Häftlingen losfuhren.[3] Der Kommandant des Hauptlagers,

Richard Baer, hatte angeordnet, dass sich alle Häftlinge und die Wachmannschaften aus dem Außenlager Rottleberode sowie aus seinem Nebenlager Stempeda am darauffolgenden Tag in Niedersachswerfen einzufinden hätten.[4] Vorgaben zum von dort aus einzuschlagenden Weg seien demzufolge nicht erteilt worden.[5] Am Abend des 4. April mussten die insgesamt rund 1.500 Häftlinge aus beiden Außenlagern zu einem gemeinsamen Appell antreten, um danach in zwei getrennte Marschgruppen aufgeteilt zu werden. Brauny und weitere Wachleute trieben dann eine Gruppe von rund 400 Häftlingen auf einen Fußmarsch in Richtung Niedersachswerfen. Sie kamen nur sehr langsam vorwärts, da die völlig entkräfteten Häftlinge auch gezwungen wurden, das auf Karren verladene Gepäck der Wachleute zu ziehen und zu schieben.[6] Braunys Stellvertreter, SS-Unterscharführer Hermann Lamp, zugleich Lagerführer des Nebenlagers Stempeda, trieb die zweite Gruppe von rund 1.000 Häftlingen noch am selben Abend ebenfalls auf einen Fußmarsch. Offenbar sollten auch sie in Richtung Niedersachswerfen ziehen, um dort später mit der anderen Gruppe wieder zusammenzutreffen.[7] Doch die beiden Gruppen verpassten sich, da Lamp die größere Gruppe doch nicht nach Niedersachswerfen zum Bahnhof, sondern in Richtung Stolberg und von dort weiter zu Fuß über den Harz trieb.

In Niedersachswerfen gelang es Brauny und den übrigen Wachleuten, einen Zug zu organisieren. Seinen eigenen Angaben zufolge handelte es sich um etwa 15 offene Waggons, in die die Häftlinge eingepfercht wurden. Auch das Wachpersonal von SS und Wehrmacht quartierte sich mit ihrem von den Häftlingen mitgeschleppten Gepäck in den Waggons ein. Offenbar befanden sich in diesen Waggons bereits Häftlinge aus anderen Lagern. Ob sie tatsächlich aus dem Hauptlager des KZ Mittelbau und aus dem KZ-Außenlager Boelcke-Kaserne stammten, wie bisweilen angenommen wird, lässt sich anhand der überlieferten bzw. nicht mehr überlieferten Transportlisten nicht eindeutig klären.[8] Gesichert ist, dass der Zug von Niedersachswerfen aus zunächst in Richtung Ellrich weiterfuhr und dort zum Stehen kam. Aus dem dortigen KZ-Außenlager Ellrich-Bürgergarten wurden weitere rund 350 zumeist kranke Häftlinge in die bereits gefüllten Waggons getrieben.

Abb. 6.1: Gedenkstein am Bahnhof in Mieste: Dort endete der Transportzug mit den Häftlingen aus den KZ-Außenlagern Rottleberode und Stempeda im April 1945 ungeplant. Foto: Andreas Froese

Von Ellrich aus fuhr der Zug danach weiter nach Osterode. Im dortigen Bahnhof befanden sich weitere sechs Waggons, in die mehrere Hundert Häftlinge aus dem KZ-Außenlager Ilfeld eingepfercht waren. Sie wurden an den Zug angekoppelt, dessen Gesamtzahl an Häftlingen bereits mehr als 1.000 umfasste.[9] Danach fuhr der Zug weiter entlang des Harzrandes in Richtung Norden. Offenbar versuchten die Wachmannschaften zunächst das KZ Neuengamme als Fahrtziel anzusteuern.[10] Doch dazu kam es nicht mehr. Alliierte Luftangriffe auf den Zug, der nicht als Häftlingstransport gekennzeichnet war, sowie unpassierbare Gleisanlagen brachten den Zug unterwegs immer wieder zum Stehen. Diese Zwischenhalte nutzten manche Häftlinge, um aus den Zügen zu fliehen. In der Folge beteiligten sich nicht nur die uniformierten Wachleute aus dem Zug, sondern auch lokale Volkssturmmänner und Zivilisten der nahen Gemeinden an der Jagd auf entflohene Häftlinge. Nicht alle, die wieder gefangengenommen wurden, wurden zum Zug zurückgebracht, manche wurden an Ort und Stelle erschossen.[11] Schließlich sahen sich die Wachmannschaften zu einer Richtungsänderung des Fahrtziels gezwungen. Von Braunschweig aus fuhr der Zug nicht mehr nach Norden, sondern nun weiter in Richtung Osten, passierte Gifhorn und erreichte danach die Altmark. Offenbar galt nun das KZ Sachsenhausen in Oranienburg als neuer Zielort. Im kleinen Dorf Mieste, etwa zwölf Kilometer westlich von Gardelegen, kam der Transport endgültig zum Stehen (Abb. 6.1). Die weiteren Gleisanlagen waren infolge alliierter Bombardierungen nicht mehr passierbar. Ein weiterer Transportzug mit rund 400 entkräfteten Häftlingen aus dem Außenlager Hannover-Stöcken des KZ-Komplexes Neuengamme erreichte kurz darauf ebenfalls den Bahnhof in Mieste. Auch für ihn war die Weiterfahrt unmöglich. Dort kam es zu ersten Kontakten der KZ-Wachmannschaften in den Zügen mit Angehörigen lokaler NS-Organisationen und örtlichen Entscheidungsträgern in den Gemeinden. Außerdem trafen KZ-Häftlinge und die lokale Zivilbevölkerung aufeinander.

Abb. 6.2: Einer von rund 70 noch erhaltenen Steinen des nationalen Gedenkweges aus den 1960er-Jahren in Gardelegen. Diese Gedenkanlage wurde zur Erinnerung an die Todesmarschwege der KZ-Häftlinge von Mieste und Letzlingen nach Gardelegen errichtet. Foto: Andreas Froese

Abb. 6.3: Angeordnete Umbettung der beim Massaker von Estedt ermordeten KZ-Häftlinge auf den örtlichen Friedhof durch die lokale Bevölkerung, 11. Mai 1945. Foto: Donald Bradlor, National Archives, Washington, D.C.

Aus beiden Zügen mussten KZ-Häftlinge auf Anordnung der Wachmannschaften insgesamt 86 Leichen bergen und in einem Massengrab am Bahnhof verscharren. Rund 800 Häftlinge wurden daraufhin in insgesamt drei Gruppen unterteilt und auf unterschiedlichen Wegen weitergetrieben: einige erst in Richtung Norden, dann wegen der von dort bereits nahenden US-amerikanischen Truppen in östlicher Richtung in die Stadt Gardelegen (Abb. 6.2). Das KZ-Wachpersonal ließ diejenigen Häftlinge, die es als „marschunfähig" betrachtete, von lokalen Bauern mit Pferdefuhrwerken in Richtung Gardelegen fahren.[12] Fast 200 dieser rund 800 Häftlinge wurden unterwegs Opfer von Endphaseverbrechen: Mitglieder einer Fallschirmjägereinheit aus Gardelegen, die zusammen mit dem Wachpersonal aus dem KZ Mittelbau-Dora, lokalen Volkssturmverbänden und der Hitlerjugend die Bewachung dieser Todesmarschgruppen übernahmen, erschossen bei und in Estedt 112 KZ-Häftlinge, teils sogar mitten im Dorf (Abb. 6.3).[13] Die Bewacher ermordeten weitere 76 Häftlinge entlang der Wegstrecke über Solpke, Zichtau, Wiepke und Berge.[14]

Abb. 6.4: Blick auf die heutige Gedenkmauer am früheren Standort der Isenschnibber Feldscheune. Foto: Andreas Froese

Die überlebenden Häftlinge erreichten schließlich die nahegelegene Stadt Gardelegen. Ungefähr zeitgleich trafen weitere Häftlinge aus den Außenlagern Mackenrode, Nüxei, Osterhagen und Wieda des KZ-Komplexes Mittelbau ein, die aus einem südlich von Gardelegen, in der Ortschaft Letzlingen, zum Stehen gekommenen Zug ebenfalls zu Fuß weiter nach Gardelegen getrieben worden waren. Die insgesamt mehr als 1.000 KZ-Häftlinge, die die Stadt nun aus mehreren Himmelsrichtungen erreichten, wurden dort zunächst in der Reithalle der lokalen Remonteschule, einer durch den Rückzug der Wehrmacht sich in Auflösung befindenden Militärkaserne eines Reiterregiments, eingepfercht. Am Abend des 13. April 1945 wurden sie von dort zu Fuß an den Stadtrand zur Isenschnibber Feldscheune getrieben (Abb. 6.4). Manche der Häftlinge glaubten, sie würden am darauffolgenden Tag den bereits nahen US-Truppen übergeben werden. Stattdessen wurden sie in die Scheune gezwängt. Bewaffnete Mitglieder von SS und Wehrmacht verriegelten die Tore und umstellten das Gebäude gemeinsam mit

Andreas Froese

Mitgliedern der Polizei, des Reichsarbeitsdienstes, des Volkssturms und weiterer lokaler NS-Organisationen. Durch einen Spalt im Tor warfen sie Brandsätze ins Gebäude, die das zuvor mit Benzin getränkte Stroh auf dem Fußboden in Brand setzten und eine tödliche Feuer- und Rauchentwicklung im Inneren entfachten. Häftlinge, die aus dem brennenden Gebäude zu fliehen versuchten, wurden von den umstehenden bewaffneten Einheiten erschossen. Nur wenige überlebten das Massaker.[15]

Abb. 6.5: Erzwungene Konfrontation nach dem Massaker, 18. April 1945: US-Soldaten zeigten der Gardelegener Bevölkerung das noch offene Massengrab neben der Isenschnibber Feldscheune. Die Leichen der ermordeten Häftlinge wurden bereits auf den Ehrenfriedhof zur Beisetzung gebracht. Foto: Donald Bradlor, National Archives, Washington, D.C.

Hinzu kam das zweite Verbrechen am historischen Tatort am darauffolgenden Tag, dem 14. April 1945: Um die Spuren des Massakers vor den heranrückenden US-Truppen zu vertuschen, kehrten Volkssturm-

139

angehörige sowie Mitglieder der lokalen Feuerwehr und des Technischen Notdienstes der Stadt zur Scheune zurück. Sie erschossen noch lebende Häftlinge und begannen damit, die Ermordeten in einem großen Längsgraben neben dem Gebäude zu verscharren. Doch die Aktion musste abgebrochen werden. Die US-Truppen nahmen die Stadt Gardelegen am Abend desselben Tages ein und entdeckten am darauffolgenden Tag den Tatort in der Feldscheune. Erst ab diesem Zeitpunkt waren die noch lebenden Häftlinge befreit und in Sicherheit.

Abb. 6.6: Nach dem Massaker von Gardelegen: Auf US-Anordnung bergen Anwohner die ermordeten KZ-Häftlinge aus der Isenschnibber Feldscheune und tragen sie zur Beisetzung auf einen neu angelegten Ehrenfriedhof. Foto: Donald Bradlor, National Archives, Washington, D.C.

Während ihrer anschließenden Dokumentation des Verbrechens zählten sie 1.016 ermordete KZ-Häftlinge in der Scheune und im noch nicht zugeschütteten Graben. Die lokale Bevölkerung wurde in den kommenden Tagen gezwungen, den Tatort zu besichtigen, einen Ehrenfriedhof für die Ermordeten anzulegen und deren Andenken dauerhaft zu bewahren (Abb. 6.5 bis 6.8). Eine damals militärische

Anordnung, deren Auftrag die Stadt Gardelegen bis heute als Grundstückseigentümerin der am historischen Tatort bestehenden Gedenkstätte Feldscheune Isenschnibbe Gardelegen weiterführt. Vor Ort wird in der dortigen Gedenkstätte heute auch die Herkunft vieler KZ-Häftlinge aus den KZ-Außenlagern Rottleberode und Stempeda benannt.[16] Da jedoch mehr als zwei Drittel der auf dem dortigen Ehrenfriedhof bestatteten Häftlinge bis heute namentlich unbekannt ist, gelten viele der nach Gardelegen getriebenen Häftlinge bis heute als vermisst.[17]

Die zweite Häftlingsgruppe aus den beiden KZ-Außenlagern Rottleberode und Stempeda hatte Niedersachswerfen nicht erreicht. SS-Unterscharführer Hermann Lamp und weitere Wachleute hatten einen anderen Weg gewählt. Sie trieben die rund 1.000 Häftlinge von Rottleberode auf einen Todesmarsch nach Stolberg und von dort weiter über den Harz nach Quedlinburg. Dabei mussten auch diese entkräfteten Häftlinge das auf Karren gehievte Gepäck der Wachmannschaften ziehen und schleppen. Nach einer Übernachtung in einer Feldscheune in der Ortschaft Drackenstedt ermordeten Mitglieder des lokalen Reichs-arbeitsdienstes 58 KZ-Häftlinge, die sie als nicht mehr „marschierfähig" erachteten.[18] Kurz zuvor war etwa 150 Häftlingen die Flucht gelungen. Die meisten Häftlinge aus der nach Genthin weitergetriebenen Gruppe wurden dort in die Waggons eines Zugs gezwängt, der sie daraufhin ins KZ Sachsenhausen transportierte. Viele wurden von dort kurz darauf abermals auf Todesmärsche getrieben: dieses Mal in nordwestlicher Richtung, als das Wachpersonal in der zweiten Aprilhälfte das KZ Sachsenhausen räumen ließ. Diejenigen Häftlinge, die auch diese Gewaltmärsche überlebten, wurden schließlich bis Ende April auf dem Gebiet der heutigen Bundesländer Brandenburg und Mecklenburg-Vorpommern von alliierten Soldaten befreit.[19]

Insgesamt bleibt festzuhalten, dass diejenigen Häftlinge aus beiden KZ-Außenlagern Rottleberode und Stempeda, die befreit werden konnten und überlebten, ihre Befreiung erst anderenorts erlebten: etwa nach ihrer erfolgreichen Flucht aus Transportzügen und den Gewalt-märschen über den Harz und durch die Altmark oder nach ihrer erfolgreichen Flucht vor dem Massaker in der Isenschnibber Feldscheune in die altmärkischen Wälder rund um Gardelegen, wo sie die Ankunft der US-amerikanischen Truppen abwarteten, oder sogar erst nach nochmaligen Todesmärschen aus dem KZ Sachsenhausen.

Wie viele der Häftlinge aus den beiden KZ-Außenlagern unterwegs an Entkräftung starben oder entlang der Wegstrecken oder beim Massaker in der Isenschnibber Feldscheune in Gardelegen ermordet wurden, lässt sich insgesamt leider nicht beziffern. Doch mit Blick auf die katastrophalen Bedingungen in den Transportzügen, die gezielte Unterversorgung der Häftlinge und auf die mörderischen Verbrechen entlang der Wegstrecken dürften Hunderte von ihnen das Kriegsende und den Moment ihrer Befreiung wohl nicht erlebt haben.

Andreas Froese

Abb. 6.7: Der Ehrenfriedhof für die Ermordeten des Massakers von Gardelegen bei seiner feierlichen Einweihung am 25. April 1945. Foto: Donald Bradlor, National Archives, Washington, D.C.

Abb. 6.8: Der Ehrenfriedhof in Gardelegen heute. Foto: Andreas Froese

Anmerkungen

[1] Begriffsgeschichtlich zu den Todesmarsch- und Endphaseverbrechen: Diana Gring: Die Todesmärsche und das Massaker von Gardelegen. NS-Verbrechen in der Endphase des Zweiten Weltkrieges, Gardelegen 1993; Martin Clemens Winter: Gewalt und Erinnerung im ländlichen Raum. Die deutsche Bevölkerung und die Todesmärsche, Berlin 2018.

[2] Im Überblick zur Befreiung des Hauptlagers: Jens-Christian Wagner: Produktion des Todes. Das KZ-Mittelbau-Dora, Aktualisierte und erweiterte Neuauflage, Göttingen 2015, S.278-288.

[3] Einen Überblick zu den Räumungstransporten aus dem KZ-Komplex Mittelbau geben Regine Heubaum/Jens-Christian Wagner (Hg.): Zwischen Harz und Heide. Todesmärsche und Räumungstransporte im April 1945- Begleitband zur Wanderausstellung, Göttingen 2015.

[4] Erklärung von Erhard Brauny, 24.10.1947, National Archives and Records Administration (NARA), M-1079, roll. 12, target 2.

[5] Diese Aussage deckt sich mit einer Aussage des ehemaligen Häftlings und Lagerschreibers Walter Ulbricht vom 6.10.1969, vgl. Staatsanwaltschaft Stendal, 21 Js 8295/91, Bd. IV.

[6] Aussage von Romuald Bak, Staatsanwaltschaft Stendal, 21 Js 8295/91

[7] Erinnerungsbericht des Überlebenden Karl Semmler, Dokumentationsstelle der KZ-Gedenkstätte Mittelbau-Dora, 50.1.7.1/11, S. 6. Zum selben Schluss beim Versuch der Rekonstruktion der Marschwege kommt auch Joachim Neander: Gardelegen 1945. Das Ende der Häftlingstransporte aus dem Konzentrationslager Mittelbau, Magdeburg 1998, S. 12; Ders.: Das Konzentrationslager „Mittelbau" in der Endphase der nationalsozialistischen Diktatur, Clausthal-Zellerfeld 1997, S. 403.

[8] Daniel Blatman: Die Todesmärsche 1944. Das letzte Kapitel des nationalsozialistischen Massenmords, Reinbeck bei Hamburg 2011, S. 474, geht davon aus, ohne sich dabei auf eine quellenüberlieferte Grundlage zu beziehen.

[9] Karel Margry: The Gardelegen Massacre, in: After the Battle 111 (2000), S. 6, rekonstruiert die Räumung des KZ-Außenlagers Ilfeld als einen Fußmarsch der Häftlinge nach Niedersachswerfen mit dortiger in den Bahntransport. Welche der beiden Varianten stimmt, lässt sich nicht exakt bestimmen. Gesichert ist jedenfalls, dass diese Gruppe von Häftlingen auch in die Waggons des Transportzugs eingepfercht wurde.

[10] Den Verlauf dieses Transports als Graphic Novel zeichnet die Dauerausstellung „Gardelegen 1945. Das Massaker und seine Nachwirkungen" im Dokumentationszentrum der Gedenkstätte Feldscheune Isenschnibbe Gardelegen nach, vgl. Lukkas Busche/Andreas Froese (Hg.): Gardelegen 1945. Das Massaker und seine Nachwirkungen, Begleitender Katalog zur Dauerausstellung, Gardelegen/Leipzig/Magdeburg 2022.

[11] Joachim Neander: Gardelegen 1945. Das Ende der Häftlingstransporte aus dem Konzentrationslager Mittelbau, Magdeburg 1998, S. 12

[12] Aussage des KZ-Überlebenden Roger Maria vom 16.07.1947, in: Bundesarchiv Berlin, B162/8654, Bl. 281. Aus dieser Überlieferung entstand später der lokal verbreitete Mythos, die Bevölkerung habe die entkräfteten Häftlinge nicht auf Anordnung, sondern freiwillig aus eigener Mildtätigkeit auf Pferdefuhrwerken gefahren.

[13] Aussage des damaligen Schmiedemeisters Heinrich Weber aus Estedt, in: Rupert Kaiser (Hg.): Tage im April, Gardelegen 1995, S. 20.

[14] Die Ermordeten sind heute in Kriegsgräberstätten auf den Friedhöfen dieser Dörfer beigesetzt, vgl. Busche/Froese (Hg.): Gardelegen 1945. Das Massaker und seine Nachwirkungen, Gardelegen/Leipzig/Magdeburg 2022, S. 119.

[15] Die in Quellendokumenten und in der Forschungsliteratur genannten Zahlen gehen von 5 bis 8 Überlebenden des Massakers in der Scheune aus, unter Berücksichtigung von zuvor Entflohenen von rund 25 bis 33 Überlebenden. Den Verlauf des Massakers schildern die überlieferten Erinnerungsberichte von Überlebenden in einigen Details unterschiedlich, im groben Ablauf sehr ähnlich.

[16] Andreas Froese: Todesmarschverbrechen. Die neue Dauerausstellung „Gardelegen 1945", in: Gedenkstättenrundbrief 200 (2020), S. 3-17; Lukkas Busche/Andreas Froese: Am historischen Ort. Die neue Dauerausstellung „Gardelegen 1945. Das Massaker und seine Nachwirkungen" im Dokumentationszentrum der Gedenkstätte Gardelegen", in: Erinnern! Aufgabe, Chance, Herausforderung. 2021/1, S. 95-111.

[17] Mit Blick auf den hohen Anteil jüdischer Häftlinge im KZ-Außenlager Stempeda müssten wohl viele namentlich unbekannte Gräber auf dem Ehrenfriedhof in Gardelegen statt eines christlichen Kreuzes einen Davidstern tragen, vgl. Jens-Christian Wagner/Regine Heubaum/Andreas Froese: Vernichtung und Arbeit. Jüdische Häftlinge im KZ Mittelbau-Dora, Weimar 2014.

[18] Philipp Schinschke: Das Massaker von Drackenstadt, in: Erinnern! Aufgabe, Chance, Herausforderung. 2020/2, S. 51-57.

[19] Eingehender zu den Befreiungen der Häftlinge aus diesem Todesmarsch: Joachim Neander „Hat in Europa kein annäherndes Beispiel": Mittelbau Dora - ein KZ für Hitlers Krieg, Berlin 2000, S. 191.

Quelle 7: Das Kriegsende in Uftrungen

In einem der Kirchenbücher der Pfarrei in Uftrungen findet sich ein Eintrag über das Kriegsende. Der Eintrag selbst stammt von Hildegard Nennewitz, der Ehefrau des Uftrunger Pfarrers Karl-Heinz Nennewitz. Dieser war eingezogen worden und befand sich am Ende des Krieges in einem Lazarett in Flensburg und im Anschluss bis zum 19. Dezember 1945 in russischer Gefangenschaft. Die Kirchenbücher befinden sich heute im Archiv der evangelischen Pfarrei in Roßla, Südharz.[1]

Die Fahne des Wahnsinns sinkt, Eintragung am 12. April 1945

Das deutsche Volk hat den Leidenskelch des Krieges, den der nationalsozialistische Größenwahn entfacht hat, nun fast bis zur bitteren Neige geleert. Ohne Waffen, ohne Treibstoff, ohne Luftwaffe steht unsere Wehrmacht da. Die Weltmächte des Ostens und Westens brechen mit wohl zehnfacher Übermacht zu allen Toren ein. Das nationalsozialistische Wahnsinnsfieber, das sich in wilden Fieberträumen von einer Besiegung fast der ganzen Welt jahrelang gefallen hatte, steigt jetzt zu unvorstellbarer Höhe: Widerstand, Widerstand! So ruft man der fast wehrlosen Wehrmacht und in unglaublichem Wahn auch der Zivilbevölkerung, sogar Frauen und Kindern zu. Auch in Uftrungen soll der sogenannte Volkssturm gegen die anrollenden Panzerarmeen der Amerikaner anrennen. Uftrungen würde dadurch der Zerstörung, seine Einwohner dem Tode preisgegeben werden.

---

[1] Gedankt sei Friedrich-Karl Nennewitz, dem Sohn von Hildegard und Karl-Heinz Nennewitz, für die hilfreichen Informationen über seine Eltern.

Aber die Fahne des Wahnsinns sinkt! Am Mittwoch d(em) 4. April 1945 müssen hier auf Befehl der Partei selbst ihre Fahnen verbrannt werden. Der Bürgermeister erklärt: Uftrungen wird nicht verteidigt. Am Donnerstag rückt scheinbar das letzte Militär ab. Schon hißt ein unerschrockener Mann, der siebzigjährige Bergmann Fritz Weber auf seinem Ruhestandshäuschen die weiße Fahne. Schon in seiner Jugend hatte er seinen Mut bewiesen: Als die Uftrunger durch einen vermutlich tollen Hund in größte Aufregung versetzt wurden, war er der erste, der ihm den Todesstoß versetzte. Jetzt ging er wieder als erster gegen die nationalsozialistische Tollheit vor. Aber es kommen auf einmal deutsche Truppen auf dem Rückzug durch Uftrungen. Auch der Volkssturm soll wieder stürmen. Allerdings soll er doch nun nicht mehr mit seinen 4 „Panzerfäusten", wenigen Gewehren und Beilen und Spaten gegen modernste Armeen der Welt kämpfen. Er soll – was eigentlich gleich lächerlich ist – im Hasseltal² Befestigungen anlegen. Doch es kommt von dem wahnsinnigen Ansinnen nichts mehr zu Stande.

Am Donnerstag den 12. endlich heißt es: die Amerikaner sind in Rottleberode! Wieder ist der alte tapfere Bergmann Fritz Weber auf dem Plan: Er bewegt den Bürgermeister, seinen Schwiegersohn, mit einer weißen Fahne zum Dorfeingang zu gehen. Er selbst fordert eine Reihe von Volkssturmleuten auf, die weiße Fahne auf dem Kirchturm zu hissen.

Um 10 Uhr sank die Fahne des Wahnsinns über Uftrungen. Die weiße Fahne wurde von dem Bergmann Fritz Weber jun. und Paul Dittmann, dem Maurer Ernst Wagner und dem Bauern Emil Wernecke gehißt. Währenddessen hielten unten am Turm die Wache: Fritz Weber, Karl Gropengießen, Kurt und Willy Reinhard und Karl Hoffmann. Noch einmal erhoben sich Elemente, die sich von der Fahne des Wahnsinns nicht trennen wollten. Zwei wildgewordene Hitlerjungen bedrohten die besonnenen Männer, die die weiße Fahne gehißt hatten mit den Revolvern, die sie sich

---

² Gemeint ist das Haseltal bei Uftrungen.

aus Militärautos gestohlen hatten. Sie wurden ihnen entwendet [von Landjäger Haupt, Bauer Louis Müller] und in der Bürgermeisterei sichergestellt. Unglaublich, daß auch noch mit Auto und Motorrad Gestapobeamte auftauchten, aber sie verschwanden schnell. Der Gendarm von Uftrungen trat für den Verbleib der Fahne ein. Zudem rollten auch schon die amerikanischen Panzer auf der Straße nach Berga. Während alle von Dächern und Straßenecken dorthin Ausschau hielten, bogen die ersten Panzer um ½ 11 Uhr in Uftrungen ein. In Stunden langem Zuge rollt der amerikanische Heerzug von Stahl und Eisen die Landstraße über Breitungen nach Osten.

Am Nachmittag ruft derselbe Ausklingler, der am Vortag noch die Schanzarbeiten angekündigt hatte, die Abgabepflicht für alle Waffen aus im Auftrage des amerikanischen Militär-kommandos. Die Fahne des Wahnsinns ist für immer gesunken über Uftrungen am 12. April 1945.

Wie schauen in die Zukunft: deus omnia bene vertata

d. i. Gott werde nun alles zum Besten.

Die Verfahren gegen die Täter im Rahmen der Dora-Prozesse

Daniel Bohse

Im August 1983 sorgten die USA bei der DDR-Generalstaatsanwaltschaft und ebenso im Ministerium für Staatssicherheit (MfS) für Aufhorchen. Mittels einer offiziellen Note hatte die US-amerikanische Botschaft in Ost-Berlin wenige Wochen zuvor die DDR um Unterstützung gebeten. Das United States Department of Justice, Office for Special Investigations (OSI) benötigte von den DDR-Behörden möglichst umfassende Informationen über den in den USA lebenden Raketeningenieur Arthur Rudolph (1906-1996), von Ende 1943 bis März 1945 „Betriebsdirektor" und Verantwortlicher für den Einsatz von Häftlingen des KZ Dora und seiner Neben- bzw. Außenlager in der Mittelwerk GmbH: „jeden Beweis über die Rolle von Arthur Rudolph oder seinen Untergebenen im Zusammenhang mit den Arbeits- oder Lebensbedingungen der Gefangenen".[1] In den USA war Rudolph nicht irgendwer: Als enger Mitarbeiter Wernher von Brauns war er nach Kriegsende ebenfalls in die USA verbracht worden und dort weiter an der Entwicklung von Raketen beteiligt. Mittlerweile eingebürgert, oblag ihm in den 1960er-Jahren die Entwicklung der Saturn-V-Rakete, mit der die NASA schließlich 1969 zum Mond abhob. Nun aber ermittelte die US-Justiz gegen Rudolph wegen Verbrechen an KZ-Häftlingen im Zusammenhang mit der unterirdischen Produktion von „Vergeltungs-waffen" rund um Nordhausen.[2]

In der DDR wurde die für die Verfolgung von NS- und Kriegsverbrechern zuständige Abteilung IX/11 des MfS mit der Zusammenstellung beauftragt. Diese recherchierte innerhalb kürzester Zeit nicht nur als Belastungsmaterial geeignete Zeugenvernehmungen aus den 1960er-Jahren. Sie initiierte ebenso eine umfassende Suche nach noch lebenden Häftlingen in der DDR und in Polen und sonstigen mit dem KZ Dora und der unterirdischen Produktion von V2-Raketen befassten Personen, um diese zu Rudolph befragen zu können.[3] In seinem Ermittlungsdrang wurde das MfS jedoch von der Entwicklung in den USA überrollt: Um eine Anklage zu verhindern, gab Rudolph im Oktober 1984 seine US-Staatsbürgerschaft zurück und reiste innerhalb kürzester Zeit in die Bundesrepublik aus. Dort begann man von vorn mit den Ermittlungen gegen den mittlerweile 78-Jährigen.[4] 1987 wurde das in Hamburg anhängige Verfahren wegen Mordes schließlich „aus Mangel an Beweisen" eingestellt, trotz Protesten aus den USA.[5]

Der letztlich nicht zustande gekommene Prozess gegen Arthur Rudolph stellt einen späten Versuch dar, die im KZ Mittelbau-Dora und seinen Neben- bzw. Außenlagern in den Jahren 1943–45 begangenen Verbrechen juristisch zu ahnden. Der grauenhafte Anblick mit Bergen von Toten und sterbenden Häftlingen, der sich der vorrückenden US-Armee im April 1945 in Nordhausen und auch in Gardelegen geboten hatte, bewirkte, dass die Alliierten umgehend mit der Festsetzung von Tatverdächtigen und mit Ermittlungen begannen, die auch zu mehreren Prozessen führten. Internationale Beachtung fanden die zwei sogenannten Dora-Prozesse: der erste 1947 im Rahmen der Dachauer Kriegsverbrecherprozesse, der zweite 20 Jahre später vor dem Landgericht Essen. Doch war die juristische Aufarbeitung vielschichtiger und von weiteren Akteuren und Verfahren geprägt. Die folgenden Ausführungen sollen die maßgeblichen Prozesse beleuchten und einordnen.

Der Dachauer Nordhausen-Prozess

Im letzten der im Internierungslager Dachau durchgeführten Prozesse gegen Personal der NS-Konzentrationslager wurde vom 7. August bis 30. Dezember 1947 vor einem US-amerikanischen Militärgericht gegen 14 Angehörige des Lagerpersonals, vier Funktionshäftlinge sowie den Generaldirektor der von der Ausbeutung der Häftlinge des KZ Dora-Mittelbau profitierenden Mittelwerk GmbH, Georg Rickhey (1898–1970), verhandelt.[6] In dem öffentlich geführten Prozess bezog sich die Anklage auf zwischen Juni 1943 und dem Kriegsende im Lager Dora-Mittelbau sowie zugehörigen Außenlagern begangene Kriegsverbrechen an nicht-deutschen Zivilisten und Kriegsgefangenen. Konkret wurde den Angeklagten Vernachlässigung, Misshandlung und Tötung von Häftlingen vorgeworfen, im Fall von Rickhey die zum Tod unzähliger Häftlinge führenden unsäglichen Arbeitsbedingungen in den Stollen.

Abb. 7.1: Die Richter des US-Militärgerichts während des Dachauer Dora-Prozesses am 25. September 1947. National Archives and Records Administration (NARA) Washington, gemeinfrei/public domain

Während des Verfahrens arbeitete das Gericht mehrere Komplexe ab, die sich u.a. auf die Zwangsarbeit beim Ausbau des Kohnsteins und bei der unterirdischen Produktion, auf die katastrophalen Lebensbedingungen im Lager einschließlich der Misshandlung und Hinrichtung von Häftlingen, auf die Todesmärsche im Rahmen der Evakuierung des Hauptlagers und der Außenlager und in diesem Zusammenhang auch auf das Massaker von

Gardelegen bezogen. Als Zeugen sagten mehr als 70 überlebende Häftlinge aus, daneben frühere, in diesem Verfahren nicht angeklagte SS-Leute sowie leitende Mitarbeiter der Mittelwerk GmbH.[7] Während die Vorwürfe der Anklage gegen die SS-Angehörigen und Funktionshäftlinge durch Aussagen von Zeugen sowie der Angeklagten selbst bestätigt wurden, wurde Rickhey durch befragte Ingenieure der Mittelwerk GmbH sowie durch Wernher von Braun und Arthur Rudolph insoweit entlastet, als dass seine Tätigkeit im Bereich des Lagers nicht bezeugt und während des Prozesses seine konkrete Verantwortung nicht nachgewiesen werden konnten. Das betraf insbesondere die ihm angelastete Kooperation mit SS und Gestapo sowie – trotz gegenteiliger Aussage des mitangeklagten Kapos und Lagerhenkers Josef Kilian (1910–1984) im Falle von Erhängungen am 21. März 1945 – die Anwesenheit bei Hinrichtungen von Häftlingen.

Auch wenn die Anklage gegen alle Beschuldigten die Verhängung der Todesstrafe beantragt hatte, beschloss das Militärgericht am 30. Dezember 1947 nur in einem Fall die Todesstrafe: Gegen den Schutzhaftlagerführer des Hauptlagers Hans Möser (1906–1948) wegen seiner Verantwortung für die Misshandlung von Häftlingen sowie die Mitwirkung an Misshandlungen und Tötungen. Im Vergleich zu den zuvor in Dachau geführten Prozessen gegen KZ-Personal ist die Zahl der Todesurteile im Dora-Prozess ausgesprochen gering. Als Grund hierfür wird die diesmal offensichtlich weniger konsequente Anwendung des aus dem US-amerikanischen Recht übernommenen Instruments des Common Design auf der Basis der Conspiracy-Theorie vermutet. Demnach versuchte das Gericht nachzuweisen, dass in Dora im Rahmen einer Verschwörung ein System der Vernichtung durch Arbeit, Vernachlässigung, Misshandlung und Tötung bestand und dass die Angeklagten hiervon Kenntnis und durch ihre Mitwirkung Anteil an diesem System hatten. Auch die Verteidigung hatte verlangt, bei der Strafzumessung nur individuell nachweisbare Verbrechen zu berücksichtigen. Da das Militärgericht keine Urteilsbegründung verfasste, kann darüber nur gemutmaßt werden. Ihren Niederschlag findet diese Vermutung in der differenzierten Strafzumessung. Gegen sieben Beschuldigte – den Lagerleiter in Rottleberode Erhard Brauny (1913–

1950),[8] den Schutzhaftlagerführer in Ellrich-Juliushütte Otto Brinkmann (1910–1985), aus dem Hauptlager den Arbeitseinsatzführer Wilhelm Simon (1900–1971), den Leiter des Bunkers Emil Bühring (1902–1958), den Kommandoführer Rudolf Jacobi (1910–1974), den Rapportführer Georg König (1911–1999) und den Kapo Josef Kilian – erkannte das Militärgericht auf lebenslange Haftstrafe.

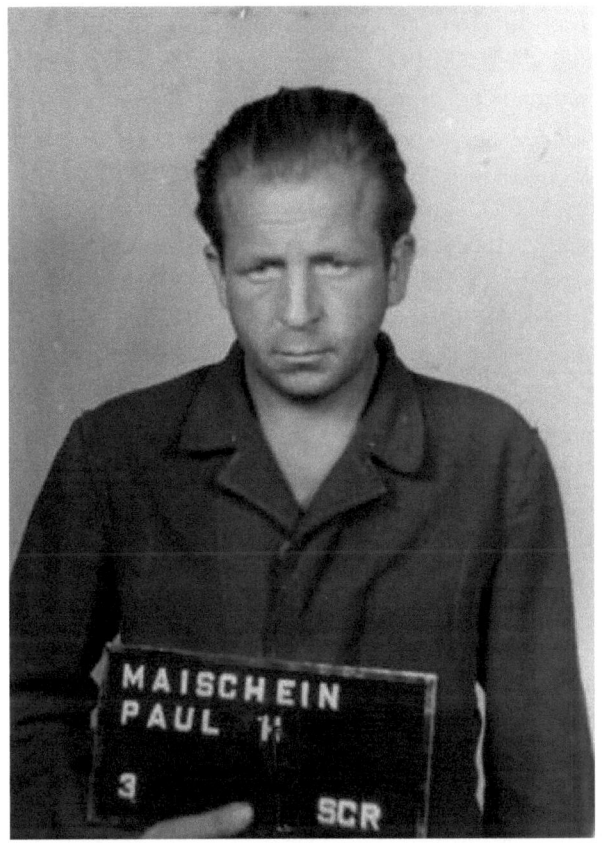

Abb. 7.2: Paul Maischein in amerikanischer Haft, 1. Juni 1947. NARA Washington, gemeinfrei/public domain

Vier SS-Männer und drei Funktionshäftlinge erhielten Haftstrafen zwischen fünf Jahren und 25 Jahren: Der Angeklagte Paul Maischein

(1912–1988), der von Januar bis Dezember 1944 als SS-Sanitäter zunächst in Dora, danach in Rottleberode tätig gewesen war und auch den Evakuierungsmarsch nach Gardelegen begleitet hatte, kam mit fünf Jahren Haft davon: Ebenso wie im Fall Braunys stand die Verantwortung für den Evakuierungsmarsch im Mittelpunkt der Anschuldigungen, aber ebenso für Misshandlungen und Tötung von Häftlingen. Der in der Schreibstube des Außenlagers Rottleberode eingesetzte Kapo Walter Ernst Ulbricht (geb. 1904) erhielt ebenfalls fünf Jahre Haft. Vier Angeklagte, darunter den ehemaligen Generaldirektor Rickhey und den Adjutanten des Lagerkommandanten in Dora, Kurt Heinrich (geb. 1911), sprach das Gericht frei.[9]

Das Urteil gegen Hans Möser wurde am 26. November 1948 im Kriegsverbrechergefängnis in Landsberg durch den Strang vollstreckt. Erhard Brauny verstarb 1950 in der Haft, Maischein saß seine Strafe im Kriegsverbrechergefängnis Landsberg ab. Die zu Haftstrafen Verurteilten mussten diese in der Regel nicht vollständig verbüßen. Als letzter kam im Mai 1958 Otto Brinkmann vorzeitig frei.

In abgetrennten Nebenverfahren verhandelte ein US-Militärgericht in Dachau parallel zum Hauptverfahren zudem gegen vier SS-Leute und den im Steinbruchkommando des KZ Dora-Mittelbau eingesetzten Kapo Georg Finkenzeller. Es sprach einen der SS-Männer frei und verurteilte die anderen zu vier sowie zweimal zu 25 Jahren Haft, wobei letztere Strafen im Überprüfungsverfahren auf 10 bzw. 15 Jahre reduziert wurden.[10]

Verfahren in der britischen und sowjetischen Besatzungszone

Der Dachauer Dora- bzw. Nordhausen-Prozess war nicht singulär für die strafrechtliche Ahndung der im KZ Dora-Mittelbau und seinen Außenlagern begangenen Verbrechen in der unmittelbaren Nachkriegszeit. Auf viele Beschuldigte hatte die amerikanische Militärjustiz seinerzeit keinen Zugriff. Entweder waren sie untergetaucht, ihr Aufenthalt konnte aus sonstigen Gründen nicht ermittelt werden oder sie hatten sich bereits anderweitig vor Gericht verantworten müssen.

Daniel Bohse

Bereits ab September 1945 standen in Lüneburg zwölf in Dora oder den Außenlagern eingesetzte SS-Leute vor einem britischen Militärgericht, das gegen im April 1945 im befreiten KZ Bergen-Belsen festgenommenes Lagerpersonal und Kapos verhandelte.[11] Gegen Franz Xaver Stärfl (bzw. Stofel; 1915–1945), Kommandoführer des Außenlagers Klein Bodungen und seinen Stellvertreter Wilhelm Dörr (1921–1945), die vom 5. bis 11. April 1945 „auf Befehl Hößlers"[12] den Evakuierungsmarsch der mehr als 600 Häftlinge nach Bergen-Belsen geführt hatten, was zahlreiche nicht überlebten, verhängte das Gericht deswegen am 17. November 1945 die Todesstrafe. Ebenso gegen den erwähnten Franz Hößler (1906–1945), in Bergen-Belsen kurzzeitig Stellvertreter des Lagerkommandanten und zuvor Schutzhaftlagerführer im KZ Dora-Mittelbau, wobei die Richter vor allem Hößlers in Auschwitz und Bergen-Belsen begangene Verbrechen ahndeten. Gegen vier in Mittelbau-Dora tätig gewesene SS-Leute verhängte das Militärgericht Haftstrafen, bei fünf weiteren erkannte es auf Freispruch. Die zum Tode Verurteilten wurden am 13. Dezember 1945 im Zuchthaus Hameln gehängt.[13]

Auch die sowjetische Besatzungsmacht leitete in ihrer Zone, in der der KZ-Komplex Mittelbau-Dora sich als Tatort überwiegend befand, Ermittlungsverfahren gegen die für die Verbrechen an den KZ-Häftlingen verantwortliche Täter ein bzw. beauftragte damit die deutsche Polizei. So ermittelte in Nordhausen bereits im Juli 1945 die nun von KPD-Funktionären dominierte Kriminalpolizei und vernahm festgenommene frühere Mitarbeiter der Dienststelle, um Aufschluss über Strukturen und Personal sowie über die Zusammenarbeit von Kriminalpolizei, Gestapo und SD im Raum Nordhausen zu erlangen.[14]

Hier aufgenommene Spuren führten 1946 im benachbarten Sachsen-Anhalt zu Festnahmen. In Magdeburg war es dem sowjetischen Geheimdienst NKWD mittels eines „umgedrehten" ehemaligen Gestapo-Beamten[15] gelungen, fast den gesamten Personalstamm der örtlichen Gestapo-Leitstelle festzunehmen. Im Januar 1946 gelang auch die Festnahme des früheren Leiters der Dienststelle, SS-Obersturm-bannführer Helmut Bischoff, der in Hamburg abgetaucht und nun an seinen früheren Wohnort und zu seiner Familie nach Magdeburg zurückgelockt worden war.[16] Der NKWD hielt Bischoff über Monate im

Russischen Militärgefängnis Magdeburg-Sudenburg fest.[17] Es ist unklar, ob die sowjetischen Vernehmer sich über Bischoffs Verwendung ab Dezember 1943 als SD-Beauftragter für das A4-Programm im Bereich des damaligen Buchenwalder Außenlagers Dora bei Nordhausen vollständig im Klaren waren. Über den konkreten Zeitpunkt der Überstellung Bischoffs ins sowjetische Speziallager Mühlberg (Elbe) zur Internierung gibt es widersprüchliche Angaben: zwischen „Ende 1946" laut späterer Zeugenaussagen[18] und dem 12. Juli 1948 (laut Lagerjournal).[19] In einer der Nachbarzellen in Sudenburg war ab März 1947 Adolf Häser (geb. 1903) untergebracht, der zuletzt in der Landesheilanstalt Uchtspringe bei Stendal als Heizer gearbeitet hatte.

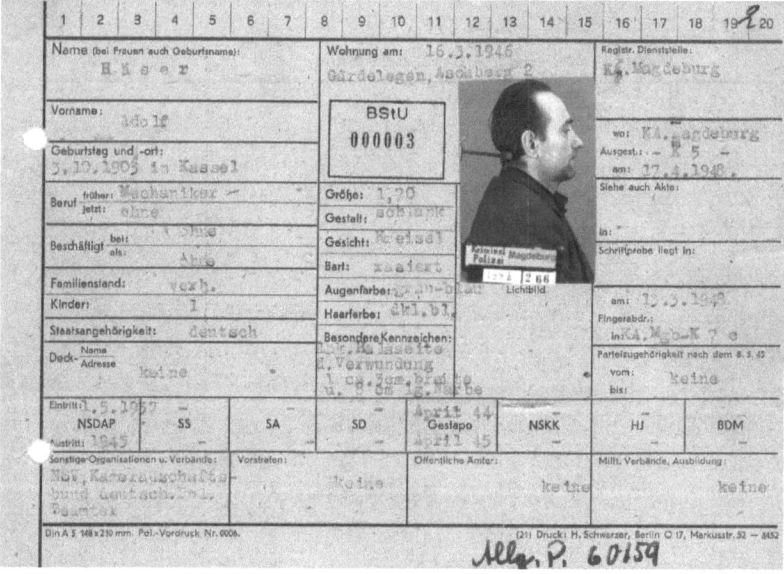

Abb. 7.3: Karteikarte der K5 mit Haftfoto von Adolf Häser, 1948. BArch STUA, MfS, BV Magdeburg, AP 60/59, Bl. 3

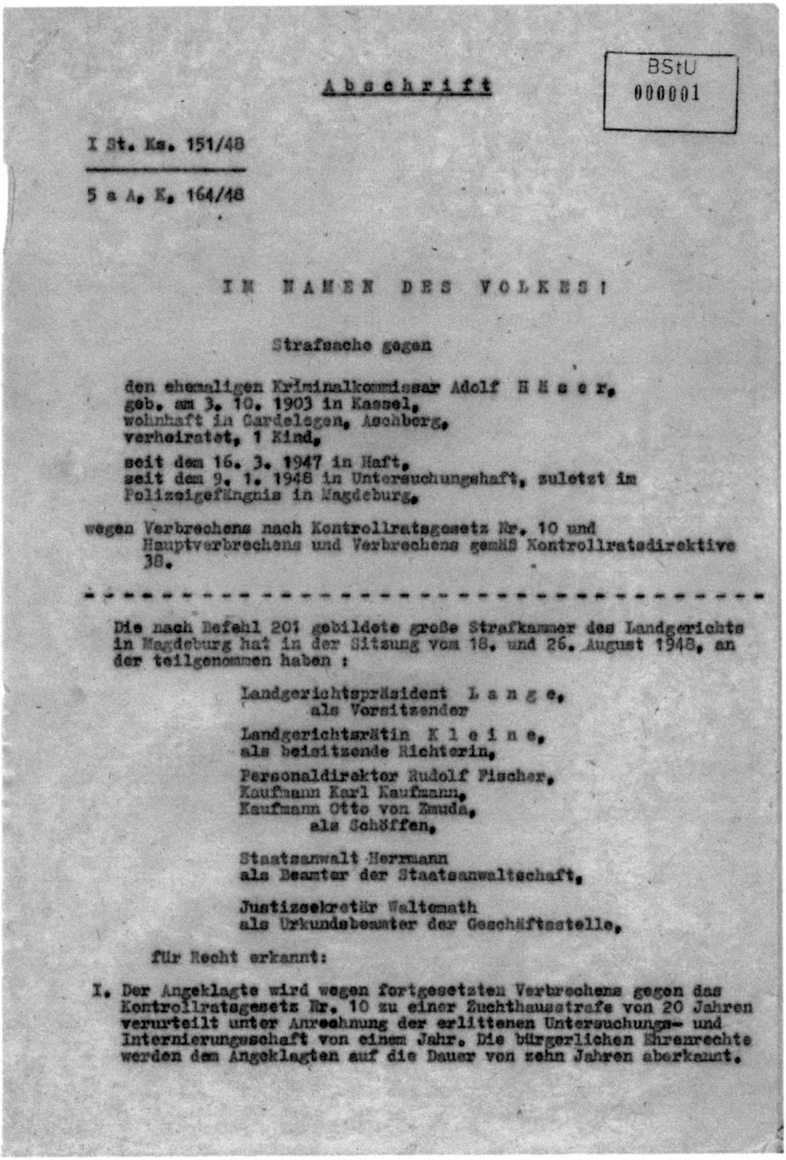

A b s c h r i f t

BStU
000001

I St. Ks. 151/48

5 a A. K. 164/48

I M   N A M E N   D E S   V O L K E S !

Strafsache gegen

den ehemaligen Kriminalkommissar Adolf H ä s e r,
geb. am 3. 10. 1903 in Kassel,
wohnhaft in Gardelegen, Aschberg,
verheiratet, 1 Kind,
seit dem 16. 3. 1947 in Haft,
seit dem 9. 1. 1948 in Untersuchungshaft, zuletzt im
Polizeigefängnis in Magdeburg,

wegen Verbrechens nach Kontrollratsgesetz Nr. 10 und
Hauptverbrechens und Verbrechens gemäß Kontrollratsdirektive
38.

Die nach Befehl 201 gebildete große Strafkammer des Landgerichts
in Magdeburg hat in der Sitzung vom 18. und 26. August 1948, an
der teilgenommen haben :

Landgerichtspräsident L a n g e,
als Vorsitzender

Landgerichtsrätin K l e i n e,
als beisitzende Richterin,

Personaldirektor Rudolf Fischer,
Kaufmann Karl Kaufmann,
Kaufmann Otto von Zmuda,
als Schöffen,

Staatsanwalt Herrmann
als Beamter der Staatsanwaltschaft,

Justizsekretär Waltemath
als Urkundsbeamter der Geschäftsstelle,

für Recht erkannt:

I. Der Angeklagte wird wegen fortgesetzten Verbrechens gegen das
Kontrollratsgesetz Nr. 10 zu einer Zuchthausstrafe von 20 Jahren
verurteilt unter Anrechnung der erlittenen Untersuchungs- und
Internierungshaft von einem Jahr. Die bürgerlichen Ehrenrechte
werden dem Angeklagten auf die Dauer von zehn Jahren aberkannt.

Abb. 7.4: Erste Seite des Urteils des Landgerichts Magdeburg gegen Adolf Häser
wegen Verbrechens gegen die Menschlichkeit vom 26. August 1948. BArch, STUA,
MfS, BV Magdeburg, Ast. 151/48, Bd. 2, Bl. 1

Es stellte sich schnell heraus, dass Häser Mitarbeiter der Gestapo gewesen war und als solcher von Juli 1944 bis April 1945 im Rang eines Kriminalkommissars die für Mittelbau-Dora sowie die Außenlager Niedersachswerfen, Nordhausen und Woffleben zuständige Gestapo-dienststelle geleitet hatte. Wie Häser einräumte, war die „Überwachungs-stelle" des SS-Obersturmführers für die Behandlung politischer und sonstiger Vergehen von Häftlingen zuständig. Als deren Leiter verhängte Häser selbst Prügel- und Freiheitsstrafen gegen KZ-Insassen und koordinierte bei schwereren Vergehen mit der zuständigen Staats-polizeistelle in Weimar, ob die Aburteilung der Häftlinge durch ein SS- und Polizeigericht, die Wehrmachtjustiz oder durch Anweisung des Reichs-sicherheitshauptamtes erfolgen sollte.[20]

Der sowjetische Geheimdienst überstellte Häser im Januar 1948 an die deutsche Justiz zur Aburteilung. Die zwischenzeitlich einbezogenen Ermittler der politischen Polizei K5 hatten infolge einer Kontaktaufnahme nach Thüringen und durch umfangreiche Zeugenbefragungen heraus-gefunden, dass Häser auch „Exekutionen von Widerstandskämpfern" geleitet hatte und machten das zu einem Kernpunkt der Anklageschrift wegen Verbrechens gegen die Menschlichkeit. Als sich nach Eröffnung des Verfahrens am 18. August 1948 vor dem Landgericht Magdeburg herausstellte, dass Häser auch an der Vollstreckung von Todesurteilen an russischen Kriegsgefangenen in Dora beteiligt war, musste die Verhandlung ausgesetzt und für die Aburteilung die Genehmigung des sowjetischen Geheimdienstes eingeholt werden. Das Urteil gegen Häser wegen Verbrechens gegen die Menschlichkeit erging am 26. August 1948: Es lautete auf 20 Jahre Zuchthaus. Nach siebeneinhalbjähriger Strafverbüßung in der Strafvollzugsanstalt Brandenburg (Havel) wurde Häser von dort im März 1956 aufgrund einer Amnestie vorzeitig entlassen.[21]

Gegen Helmut Bischoff wurde die sowjetische Besatzungsmacht erst 1950 tätig. Nach Auflösung des Lagers Mühlberg im September 1948 war er ins Speziallager Buchenwald gelangt. Im Rahmen der Überprüfung sämtlicher Insassen angesichts der beabsichtigten Auflösung auch dieses Speziallagers fiel Bischoff in die Kategorie derjenigen, die weder in die Freiheit entlassen noch an die DDR-Behörden zur Aburteilung übergeben werden sollten. Vielmehr übernahm der Operative Sektor des sowjetischen Geheimdienstes MGB (dt. Ministerium für Staatssicherheit) für das Land Thüringen Bischoff und hielt ihn in Weimar in Untersuchungshaft. Die sich vorwiegend auf Äußerungen Bischoffs zu von ihm begangenen Verbrechen vor seiner Verwendung als A4-Abwehrbeauftragter beziehende Anklageschrift wurde am 10. Februar 1950 bestätigt. Im Ergebnis verhängte das Militärtribunal für das Land Thüringen gegen Bischoff wegen Verbrechens gegen die Menschlichkeit 25 Jahre Lagerhaft.[22] Aus der Strafverbüßung in der Sowjetunion gelangte Bischoff infolge Adenauers Moskau-Reise Ende 1955 vorfristig wieder in Freiheit.

Der Essener Dora-Prozess

Im Dezember 1966 berichtete das Magazin „Der Spiegel" in einem Interview mit dem seinerzeit neuen Leiter der Zentralen Stelle der Landesjustizverwaltungen zur Aufklärung nationalsozialistischer Verbrechen in Ludwigsburg, Adalbert Rückerl, über das für 1967 anstehende Verfahren vor dem Landgericht Essen gegen drei u.a. für Exekutionen von Häftlingen im KZ Mittelbau-Dora verantwortliche SS-Männer, darunter Helmut Bischoff, „der im Vorjahr beim Suchdienst des Deutschen Roten Kreuzes in Hamburg aufgestöbert wurde".[23] Ermittelt hatte im Vorfeld des Prozesses aber nicht Ludwigsburg, sondern die bei der Staatsanwaltschaft Köln für Nordrhein-Westfalen bestehende Zentralstelle. In dem am 17. November 1967 am Landgericht Essen eröffneten Strafverfahren waren neben Helmut Bischoff der bei der Gestapo-Außendienststelle Niedersachswerfen[24] tätig gewesene SS-Oberscharführer Ernst Sander (1916–1989) sowie der zum Lagerpersonal des KZ Dora gehörende und in der Stollenanlage im Kohnstein als Aufseher tätig gewesene SS-Hauptscharführer Erwin Busta (1905–1982) angeklagt.

Bischoff und Sander, der seinerzeit in Dora als Häsers rechte Hand galt, wurde vorgeworfen, die Ermordung mehrerer hundert Häftlinge des KZ Mittelbau-Dora veranlasst und durchgeführt zu haben.

Abb. 7.5: Helmut Bischoff, Aufnahme um 1940. BArch, STUA, MfS, HA IX/11, ZM 1625 A 262

Sie hätten im Einvernehmen mit dem Bevollmächtigen für die V-Waffen-Produktion, SS-Gruppenführer Hans Kammler, bzw. im Auftrag des KZ-Kommandanten Exekutionen befohlen: erstmals im Dezember 1943 bei sechs italienischen Kriegsgefangenen wegen Arbeitsverweigerung, weitere ab Ende 1944 nach Aufdeckung einer Widerstandsorganisation bei Dutzenden KZ-Häftlingen, 145 im März 1945 nach einem Ausbruchs-versuch und acht noch kurz vor der Ankunft der US-Armee im April 1945.[25]

Abb. 7.6: Ernst Sander, Aufnahme um 1936. BArch, STUA, MfS. HA IX/11, ZM 1625 A 262

Wie im Vorfeld des Verfahrens auch in der DDR durchgeführte Ermittlungen zeigten, soll Sander zudem, um Widerstands- und Sabotageaktionen aufzudecken, regelmäßig Häftlinge bei Verhören, für die er im Arrestzellenbau in Dora über einen separaten Dienstraum verfügte,[26] misshandelt haben. Auch bei Busta, der allgemein der brutalen Behandlung von Häftlingen beschuldigt wurde, stand der Vorwurf der Mitwirkung an Hinrichtungen im Raum.[27]

Die politische Führung der DDR, die durch das Ministerium für Staatssicherheit über die Causa Bischoff und die geführten Ermittlungen spätestens seit Oktober 1966 im Bilde war,[28] versuchte auf das Hauptverfahren Einfluss zu nehmen: durch Prof. Dr. Friedrich Kaul als Nebenklagevertreter sowie durch das Steuern der von den westdeutschen Ermittlern erbetenen Informationen bzw. durch Einschalten in die Ermittlungen. Kaul erstattete einer bei der DDR-Generalstaatsanwaltschaft gebildeten „Arbeitsgruppe KZ Dora", in der er auch mitarbeitete, Bericht über den Verlauf der Verhandlungstage und getätigte Aussagen der Angeklagten Bischoff, Busta und Sander. Das Gremium befasste sich u. a. mit Bischoffs Verteidigungsstrategie, wonach er wegen der nun zur Verhandlung stehenden Anschuldigungen ja bereits schon einmal von einem sowjetischen Militärtribunal zu 25 Jahren Zwangsarbeit verurteilt worden sei und zudem Adolf Häser als seine „rechte Hand" in Dora vom Landgericht Magdeburg zu 20 Jahren Zuchthaus verurteilt worden war, diese Strafe aber nur zu einem Drittel verbüßen musste und nun gegen ihn als auf freiem Fuß lebender Zeuge aussagen werde.[29] Die Arbeitsgruppe beauftragte mehrere Gutachten, die Kaul in das Verfahren einbringen sollte. Darüber hinaus wollte man die Akten aus dem 1948 in Magdeburg geführten Verfahren gegen Adolf Häser durcharbeiten und Kaul zur Argumentation gegen Bischoff sowie den als Zeugen vorgesehenen Häser auch eine Abschrift des Urteils zur Verfügung zu stellen.[30] Zum gleichen Zweck beantragte der im Auftrag der DDR-Führung als Vertreter der Nebenklage für Opfer aus der DDR, Polen und der Tschechoslowakei auftretende Kaul im Januar 1968 beim Vorsitzenden des Essener Schwurgerichts, dieser möge bei der Generalstaatsanwaltschaft der UdSSR Kopien der maßgeblichen Unterlagen zur seinerzeitigen Verurteilung Helmut Bischoffs durch das Militärtribunal anfordern. Somit sei der Beweis zu erbringen, dass Bischoff zwar zu 25 Jahren Arbeitsbesserungslager verurteilt wurde, aber aufgrund von ihm selbst eingestandener Tatbestände für die Zeit vor seiner Tätigkeit als sogenannter Abwehrbeauftragter für die V-Waffen-Produktion (ab November 1943) und Kommandeur der Sicherheitspolizei für den Sperrkreis Mittelbau (ab Februar 1945).[31]

Letztlich diente Kauls Auftreten und die enge Abstimmung mit der „Arbeitsgruppe KZ Dora" vordergründig dem Ziel, die DDR in aller Öffentlichkeit als überzeugten „antifaschistischen Staat" darzustellen.[32]

Um in der westdeutschen und internationalen Öffentlichkeit Druck auf die bundesdeutsche Justiz aufzubauen, plante die Arbeitsgruppe auch Pressekonferenzen in Essen anlässlich der Erstattung der von den DDR-Juristen erstellten Gutachten, erarbeitete Pressebeiträge sowie regelmäßig im Namen des Komitees der antifaschistischen Widerstandskämpfer zu versendende Information zu den einzelnen Prozesstagen.[33]

Der Prozess zog sich über zweieinhalb Jahre und 182 Verhandlungstage. In das Verfahren waren Aussagen von mehr als 300 Zeugen eingebunden. Nicht alle konnten vor Gericht in Essen aussagen. Insbesondere die DDR verhinderte, dass Zeugen, deren Aussagen man an den für sie zuständigen DDR-Gerichten zu Protokoll genommen hatte, auch in Essen in den Zeugenstand traten, und arbeitete deren Aussagen dem Schwurgericht nur schriftlich zu. Trotz umfassender und erdrückender Beweise kam es nicht zur Verurteilung aller Angeklagten. Gegen den Hauptangeklagten Bischoff musste das Gericht das Verfahren am 26. Mai 1970 aus gesundheitlichen Gründen einstellen, weil es befürchtete, dieser werde die Urteilsverkündung bzw. Verurteilung wegen Mordes nicht überleben, möglicherweise noch im Gerichtssaal versterben. Zuvor hatte es Ernst Sander und Erwin Busta am 8. Mai 1970 der Beihilfe zum Mord schuldig gesprochen und sie zu siebeneinhalb bzw. achteinhalb Jahren Haft verurteilt.[34] Für viele Prozessbeteiligte war die Verfahrenseinstellung im Falle Bischoffs ebenso bitter, wie der Umstand, dass weder Sander noch Busta ihre Haftstrafen tatsächlich verbüßen mussten.

Das Bemühen der bundesdeutschen Justiz, Bischoff an seinem Wohnort Hamburg in einem weiteren Strafverfahren für Tötungen von Fremd- und Zwangsarbeitern in seiner Zeit als Leiter der Gestapoleitstelle Magdeburg zur Verantwortung zu ziehen, wurde durch die DDR-Behörden auf die dargestellte Weise umfänglich unterstützt. Es scheiterte 1979 aber infolge einer erfolgreichen Verfassungsbeschwerde des Angeklagten aufgrund seiner Verhandlungsunfähigkeit. „Schwerkranker Ex-Gestapo-Mann muss nicht vor Gericht" titelte folglich ein entsprechender Artikel in der Tageszeitung „Die Welt" am 31. Juli 1979.[35]

Anmerkungen

[1] Bundesarchiv (BArch), STUA, MfS, HA IX/11, RHE Nr. 28/83, Bd. 1, Bl. 3-6, hier Bl. 4, Bl. 299.

[2] Vgl. Marc-Oliver Rehrmann, Arthur Rudolph: Der gefallene Held der Mondlandung, NDR, 26.5.2024 (https://www.ndr.de/geschichte/koepfe/Arthur-Rudoplh-Der-gefallene-Held-der-Mondlandung,arthurrudolph108.html).

[3] Vgl. BArch, STUA, MfS, HA IX/11, RHE Nr. 28/83, Bd. 1, Bl. 114-251.

[4] Vgl. ebenda, Bl. 299, 304.

[5] Vgl. Marc-Oliver Rehrmann, Arthur Rudolph: Der gefallene Held der Mondlandung, NDR, 26.5.2024 (https://www.ndr.de/geschichte/koepfe/Arthur-Rudoplh-Der-gefallene-Held-der-Mondlandung,arthurrudolph108.html).

[6] Soweit nicht anders ausgewiesen, vgl. hier und im folgenden Michael Löffelsender, „A particularly unique role among concentration camps". Der Dachauer Dora-Prozess 1947, in: Helmut Kramer, Karsten Uhl, Jens-Christian Wagner (Hg.), Zwangsarbeit im Nationalsozialismus und die Rolle der Justiz. Täterschaft, Nachkriegsprozesse und die Auseinandersetzung um Entschädigungsleistungen, Nordhausen 2007, S. 152-168.

[7] Die Prozessunterlagen (Protokolle) auch mit den Aussagen der Zeugen und Angeklagten im Dachauer Dora-Verfahren sind im Internet unter der Bezeichnung „Trial against Arthur Kurt Andrae et al" in der ICC Legal Tools Database (https://www.legal-tools.org) abrufbar.

[8] Vgl. hierzu den Beitrag von Anett Dremel in diesem Band.

[9] Vgl. Michael Löffelsender, „A particularly unique role among concentration camps". Der Dachauer Dora-Prozess 1947, in: Helmut Kramer, Karsten Uhl, Jens-Christian Wagner (Hg.), Zwangsarbeit im Nationalsozialismus und die Rolle der Justiz. Täterschaft, Nachkriegsprozesse und die Auseinandersetzung um Entschädigungsleistungen, Nordhausen 2007, S. 152-168, hier S. 166.

[10] Vgl. Robert Sigel, Im Interesse der Gerechtigkeit. Die Dachauer Kriegsverbrecherprozesse 1945-48, Frankfurt/M. 1992, S. 104.

[11] Die Anklage ist im Internet abrufbar unter http://www.bergenbelsen.co.uk/pages/Trial/Trial/Trial_001_Indictment.html; ebenso die Zeugenaussagen. (Stand 13.12.2024)

[12] Vgl. Stärfls Aussage vom 23.10.1945, im Internet abrufbar unter: https://web.archive.org/web/20080108014916/http://www.mazal.org/Othe rTrials/BelsenTrial/T325.htm. (Stand 13.12.2024)

[13] Zum (ersten) Bergen-Belsen-Prozess vgl. Alexandra-Eileen Wenck, Verbrechen als „Pflichterfüllung"? Die Strafverfolgung nationalsozialistischer Gewaltverbrechen am Beispiel des Konzentrationslagers Bergen-Belsen. In: KZ-Gedenkstätte Neuengamme (Hg.), bearb. v. Kurt Buck, Die frühen Nachkriegsprozesse. Beiträge zur Geschichte der nationalsozialistischen Verfolgung in Norddeutschland Bd. 3, Bremen 1997, S. 38ff.

[14] Vgl. BArch, StUA, MfS, HA IX/11 RHE Nr. 28/83, Bd. 1, Bl. 265ff.

[15] Vgl. ebenda, RHE-West Nr. 491, Bd. 1, Bl. 86f.

[16] Vgl. ebenda, BV Magdeburg, Abt. XX, Nr. 2232, Bl. 118f.

[17] Vgl. ebenda, RHE-West Nr. 491, Bd. 3, Bl. 148. Ausführlicher zu Bischoff in diesem Zusammenhang Alexander Sperk, Die Staatspolizei(leit)stelle Magdeburg, ihre Leiter und die Zerschlagung der KPD, in: Polizei & Geschichte. Unabhängige interdisziplinäre Zeitschrift für Polizeigeschichte, 1/2009, hier S. 10f.

[18] Vgl. ebenda, RHE-West Nr. 491, Bd. 3, Bl. 148: Hier eine Aussage vom 30. Oktober 1974.

[19] Die Angaben wurden dem Autor 2006 freundlicherweise durch die Initiativgruppe Lager Mühlberg e.V. zur Verfügung gestellt.

[20] Zum Häser-Verfahren vgl. hier und im Folgenden Daniel Bohse, Die Polizei im Kreis Gardelegen und ihre Einbindung in politisch motivierte Strafverfahren, in: Edda Ahrberg, Daniel Bohse, Torsten Haarseim, Jürgen Richter, Ausgeliefert. Haft und Verfolgung im Kreis Gardelegen zwischen 1945 und 1961, Halle 2014, S. 185-220, hier S. 213f.

[21] Vgl. ebenda.

[22] Das Urteil liegt dem Autor nicht vor, doch durften DDR-Ermittler im Vorfeld des Essener Dora-Prozesses Einsicht in die Unterlagen nehmen. Vgl. BArch, StUA, MfS, HA IX/11, ZM Nr. 1625 A. 21, Bl. 32f.

[23] O.V.: NS-Verbrechen. Peitsche bewahrt, in: Der Spiegel, Nr. 52 v. 19.12.1966, S. 54-58, hier S. 57 (BArch, StUA, MfS, HA IX/11, AF 331, Bl. 187).

[24] Hier zu vgl. Jens-Christan Wagner, Produktion des Todes. Das KZ Mittelbau-Dora, 3. Aufl. Göttingen 2013, S. 480-483.

[25] Vgl. BArch, StUA, MfS, HA IX/11, ZM Nr. 1625 A. 21, Bl. 37f.

[26] Vgl. Wagner, Produktion des Todes, S. 481.

[27] Vgl. BArch, StUA, MfS, HA IX/11, RHE Nr. 28/83, Bd. 1, Bl. 11-17; André Sellier, Zwangsarbeit im Raketentunnel. Geschichte des Lagers Dora, Lüneburg 2000, S. 173f.

[28] Vgl. BArch, StUA, MfS, Abt. XX, Nr. 3634, Bl. 39f.

[29] Vgl. Protokoll über die Arbeitsgruppe KZ Dora am 25.11.1967, in: BArch, StUA, MfS, HA IX/11, ZM Nr. 1625, A. 21, Bl. 93.

[30] Vgl. ebenda, Bl. 94f. Letzteres gelang nur eingeschränkt, da festgestellt wurde, dass die Ermittlungsakten, insbesondere die mit den Zeugenaussagen, bei der Erstürmung des Magdeburger Landgerichts am 17. Juni 1953 verbrannt worden waren und im Wesentlichen nur noch das Urteil zur Verfügung stand. Vgl. ebenda, BV Magdeburg, Ast. 151/48, Bd. 1, Bl. 22.

[31] BArch, StUA, MfS, HA IX/11, ZM Nr. 1625 A. 21, Bl. 32f.

[32] Ausführlich vgl. Georg Wamhof, Prozeßgebundene Kampagnenpolitik. Die „DDR-Nebenklage" im Essener KZ Dora-Prozeß (1967–1970). In: Sabine Moller, Miriam Rürup, Christel Trouvé (Hg.), Abgeschlossene Kapitel? Zur Geschichte der Konzentrationslager und der NS-Prozesse, Tübingen 2002, S. 173-186.

[33] Vgl. Protokoll über die Arbeitsgruppe KZ Dora am 25.11.1967, in: BArch, StUA, MfS, HA IX/11, ZM Nr. 1625, A. 21, Bl. 94f.

[34] Vgl. Georg Wamhof, Geschichtspolitik und NS-Strafverfahren. Der Essener Dora-Prozess (1967-1970) im deutsch-deutschen Systemkonflikt, in: Helmut Kramer, Karsten Uhl, Jens-Christian Wagner (Hg.), Zwangsarbeit im Nationalsozialismus und die Rolle der Justiz – Täterschaft, Nachkriegsprozesse und die Auseinandersetzung um Entschädigungsleistungen. Nordhausen 2007, S. 186-208.

[35] Vgl. BArch, StUA, MfS, HA IX/11, RHE 491, Bd. 2, Bl. 97-94.

Literaturverzeichnis

Arbez, Marcel: Un an derrière les barbelés, Saint-Lupicin 2007.

Arich-Gerz, Bruno: Mittelbau-Dora. American and German Representations of a Nazi Concentration Camp. Literature, visual media and the culture of memory from 1945 to the present, Bielefeld 2009.

Baranowski, Frank: Geheime Rüstungsprojekte in Südniedersachsen und Thüringen während der NS-Zeit, Duderstadt 1995.

Baranowski, Frank: Zur Agglomeration von Rüstungswirtschaft und Zwangsarbeit in den Gipsgebieten am Südharz 1943–1945, in: Strohschneider, Renate; Schikora, Hans-Bert (Hrsg.): Gipskarstlandschaft Südharz: aktuelle Forschungsergebnisse und Perspektiven, NNA-Berichte / Alfred Toepfer Akademie für Naturschutz, Band 11.2, 1998, 197–207.

Baranowski, Frank: Die verdrängte Vergangenheit. Rüstungsproduktion und Zwangsarbeit in Nordthüringen, Duderstadt 2000, 125–131.

Baranowski, Frank: Rüstungsproduktion in der Mitte Deutschlands von 1929 bis 1945. Südniedersachsen mit Braunschweiger Land sowie Nordthüringen einschließlich des Südharzes – vergleichende Betrachtung des zeitlich versetzten Aufbaus zweier Rüstungszentren, Bad Langensalza 2003.

Baranowski, Frank: Rüstungsproduktion in der Mitte Deutschlands 1929-1945, 1. Aufl., Bad Langensalza 2012.

Baranowski, Frank: Rüstungsproduktion in der Mitte Deutschlands von 1929 bis 1945. Südniedersachsen mit Braunschweiger Land sowie Nordthüringen einschließlich des Südharzes: eine vergleichende Betrachtung des zeitlich versetzten Aufbaus zweier Rüstungszentren, 2. Auflage, Bad Langensalza 2017.

Beneš, Jiří: V německém zajetí. Svědectví o Osvětimi, Buchenwaldu, Dachau, a Doře, Nakladatel 2019.

Béon, Yves: Planet Dora. Als Gefangener im Schatten der V2-Rakete, Gerlingen 1999.

Blatman, Daniel: Die Todesmärsche 1944. Das letzte Kapitel des nationalsozialistischen Massenmords, Reinbeck bei Hamburg 2011.

Blumenhagen, Wilhelm: Wanderung durch den Harz. Mit 30 Stahlstichen, Leipzig 1838.

Bohse, Daniel: Die Polizei im Kreis Gardelegen und ihre Einbindung in politisch motivierte Strafverfahren, in: Ahrberg, Edda; Bohse, Daniel; Haarseim, Torsten; Richter, Jürgen: Ausgeliefert. Haft und Verfolgung im Kreis Gardelegen zwischen 1945 und 1961, Halle 2014, 185–220.

Bonifas, Aimé: Häftling 20801. Ein Zeugnis über die faschistischen Konzentrationslager, aus dem Franz. von Gerhard Lotz. Mit einem Geleitw. von Moritz Mitzenheim, einem Vorw. von Marc Boegner und einem Nachw. des Übers., Berlin 1968.

Bornemann, Manfred: Geheimprojekt Mittelbau. Vom zentralen Öllager des Deutschen Reiches zur größten Raketenfabrik im Zweiten Weltkrieg, 2., völlig neu bearbeitete und erweiterte Auflage, München 1994.

Brückner, Jörg: Zwischen Reichsstandschaft und Standesherrschaft. Die Grafen zu Stolberg und ihr Verhältnis zu den Landgrafen von Thüringen und späteren Herzögen, Kurfürsten bzw. Königen von Sachsen (1210 bis 1815), Diss. TU Chemnitz 2003.

Budraß, Lutz: Flugzeugindustrie und Luftrüstung in Deutschland 1918–1945, Schriften des Bundesarchivs / Bundesarchiv, Band 50, Boppard am Rhein 1998.

Buggeln, Marc: Das System der KZ-Außenlager. Krieg, Sklavenarbeit und Massengewalt, Reihe Gesprächskreis Geschichte / Friedrich-Ebert-Stiftung Gesprächskreis Geschichte, Band 95, Bonn 2012.

Busche, Lukkas; Froese, Andreas: Am historischen Ort. Die neue Dauerausstellung „Gardelegen 1945. Das Massaker und seine Nachwirkungen" im Dokumentationszentrum der Gedenkstätte

Gardelegen", in: Erinnern! Aufgabe, Chance, Herausforderung, 2021/1, 95–111.

Busche, Lukkas; Froese, Andreas (Hrsg.): Gardelegen 1945. Das Massaker und seine Nachwirkungen, Begleitender Katalog zur Dauerausstellung, Gardelegen/Leipzig/Magdeburg 2022.

Cannabich, Johann Günther Friedrich: Statistisch-geographische Beschreibung des Königreichs Preußen, Band 1, Dresden 1835.

Cantor, Johann Chrysostomus: Geschichte der merkwürdigsten Naturbegebenheiten auf unserer Erde von Christi Geburt bis auf gegenwärtigen Zeiten, Band 3, Coburg 1805.

Claessens, Leopold: Als KZ-Häftling in Dora-Mittelbau, Bad Schussenried 2021.

Colonel, Lucien ; Germain, Michel: Derrière les miradors. Des déportés témoignent, Montmélian 2011.

D'Angelo, Mario: Nei tunnel delle V2. memorie di un deportato a Dora, Milano 2008.

Depierre, Michel: Déporté à Dora à 18 ans, N°81.350, Amiens 2009

Desseaux, Christian: Dora. le tunnel de la mort, 1940–1945, raconté par William Fourtot, Cervens 2011.

Drobisch, Klaus: Mediziner in frühen Konzentrationslagern 1933–1936, in: Kopke, Christoph (Hrsg.): Medizin und Verbrechen. Festschrift zum 60. Geburtstag von Walter Wuttke. Ulm 2001, 221–227.

Eckart, Theodor: Gedenkblätter aus der Geschichte der ehemaligen freien Reichsstadt Nordhausen, Leipzig 1895.

Eichholtz, Dietrich: Geschichte der deutschen Kriegswirtschaft, Band III/1, 1999.

Entscheidungen des Preußischen Oberverwaltungsgerichts. Im amtlichen Auftrage herausgegeben von Mitgliedern des Gerichtshofs, Band 82, Berlin 1929.

Ey, August: Harzbuch oder der Geleitsmann durch den Harz mit 24 Stahlstichen und einer Harzkarte, Goslar 1855.

Fliecx, Michel: Vom Vergehen der Hoffnung. Zwei Jahre in Buchenwald, Peenemünde, Dora, Belsen, Aus dem Französischen von Monika Gödecke, Bergen-Belsen – Berichte und Zeugnisse, Band 3, Göttingen 2013.

Frankenthal, Hans: Verweigerte Rückkehr. Erfahrungen nach dem Judenmord, Frankfurt am Main 1999.

Freiesleben, Johann Carl: Geognostischer Beytrag zur Kenntnis des Kupferschiefergebirges. mit besonderer Hinsicht auf einen Theil der Grafschaft Mannsfeld und Thüringens, Band 2, Freyberg 1809.

Froese, Andreas: Todesmarschverbrechen. Die neue Dauerausstellung „Gardelegen 1945", in: Gedenkstättenrundbrief, Band 200, 2020, 3–17.

Geinitz, Hanns Bruno: Gäa von Sachsen Einleitung in die Flora von Sachsen von Prof. Dr. Ludwig Reichenbach, Dresden und Leipzig 1843.

Gring, Diana: Die Todesmärsche und das Massaker von Gardelegen. NS-Verbrechen in der Endphase des Zweiten Weltkrieges, Gardelegen 1993.

Gring, Diana: »[…] immer zwischen zwei Feuern.« Eine Annäherung an die Biographie des kommunistischen Funktionshäftlings Karl Semmler, in: Beiträge zur Geschichte der nationalsozialistischen Verfolgung in Norddeutschland, Heft 4, Bremen 1998, S. 97–105, 202–203; nochmals publiziert in: Leo, Annette; Reif-Spirek, Peter (Hrsg.): Helden, Täter und Verräter. Studien zum DDR-Antifaschismus, Berlin 1999.

Große, Wolfgang: Aus dem Umkreis der Kamine. Überlebende eine KZ-Außenkommandos berichten, Duderstadt 2009.

Halmanns, Gerd: Das Außenlager Rottleberode (= Heinrich), in: Mirbach, Willy: „Damit du es später deinem Sohn einmal erzählen kannst...". Der autobiographische Bericht eines Luftwaffensoldaten aus dem KZ Mittelbau (August 1944–Juli 1945). Gerd Halmanns (Hrsg.), Geldern 1997, 252–260.

Hercynia. Ein Führer durch den Harz, Quedlinburg 1839.

Hessel, Stéphane: Tanz mit dem Jahrhundert. Erinnerungen, ungekürzte Taschenbuchausgabe, München 2000.

Heubaum, Regine; Wagner, Jens-Christian (Hrsg.): Zwischen Harz und Heide. Todesmärsche und Räumungstransporte im April 1945- Begleitband zur Wanderausstellung, Göttingen 2015.

Heyse, Gustav: Beiträge zur Kenntniß des Harzes, seiner Geschichte und Literatur. Eine Reihe von Abhandlungen. Heft 1, Aschersleben 1857.

Homan, Gerlof: Camp Dora: A Dutch Mennonite Medical Doctor in a Nazi Concentration Camp, in: Mennonite Life, Band 47.2, 1992, 4–12.

Hördler, Stefan: Ordnung und Inferno. Das KZ-System im letzten Kriegsjahr, Göttingen 2015.

Kaienburg, Hermann: „Vernichtung durch Arbeit" – Der Fall Neuengamme – Die Wirtschaftsbestrebungen der SS und ihre Auswirkungen auf die Existenzbedingungen der KZ-Gefangenen, Bonn 1990.

Kaiser, Rupert (Hrsg.): Tage im April, Gardelegen 1995.

Keferstein, Christian: Teutschland. Geognostisch-geologisch dargestellt und mit Charten und Durchschnittszeichnungen erläutert, eine Zeitschrift, Band 6.3, Weimar 1830.

Kiosze, Philipp; Steger, Florian: The Everyday Life of Patients with Tuberculosis in the Concentration Camp of Mittelbau-Dora (1943–1945), in: Frontiers in Medicine: 7:526839 (2020).

Kiosze, Philipp: Medizinischer Alltag in einem Konzentrationslager der letzten Kriegsphase (1943–1945) – Die Krankenversorgung im KZ Mittelbau-Dora, Ulm 2022.

Koch, Helga: Ein Gedenkstein erinnert und das Schicksal der Menschen, die vor 70 Jahren in Rottleberode in Lagern inhaftiert waren. Kaum einer überlebte, in: Mitteldeutsche Zeitung vom 3./4. April 2015.

Kooger, Björn: Rüstung unter Tage. Die Untertageverlagerung von Rüstungsbetrieben und der Einsatz von KZ-Häftlingen in Beendorf und Morsleben, Berlin 2004.

Kranoldt, Dietrich: Die Landschaftlichen und Geschichtlichen Merkwürdigkeiten der Güldenen Aue besonders der Hochgräflichen Residenz Roßla und der dazu gehörigen Orte, Nach einer Chronik von Johann Conrad Kranoldt, abgeschlossen im Jahre 1740, und unter Berücksichtigung der Gegenwart gezeichnet von E[duard] Dietrich, Pastor zu Breitungen im Harz, Roßla 1879.

Krüger, Johann Gottlob: Johann Gottlob Krügers Artzneygelahrtheit Professors und der königlich Preußischen Academie der Wissenschaften Mitglieds Gedancken von dem Kalten Winter des Jahres 1740, Halle 1740, 48.

Lauerwald, Paul: Die Nebenbahn Berga-Kelbra – Stolberg (Harz), Wesseling 1997.

Ley, Astrid; Morsch, Günter: Medizin und Verbrechen – das Krankenrevier des KZ Sachsenhausen 1936–1945, Berlin 2007.

Löffelsender, Michael:, „A particularly unique role among concentration camps". Der Dachauer Dora-Prozess 1947, in: Kramer, Helmut; Uhl, Karsten; Wagner, Jens-Christian (Hrsg.): Zwangsarbeit im Nationalsozialismus und die Rolle der Justiz. Täterschaft, Nachkriegsprozesse und die Auseinandersetzung um Entschädigungsleistungen, Nordhausen 2007, 152–168.

Lusane, Clarence: Hitler's Black Victims: The Historical Experiences of European Blacks, Africans and African Americans During the Nazi Era, New York 2002.

Margry, Karel: The Gardelegen Massacre, in: After the Battle, Band 111, 2000, 3–27.

McCann, Hugh Wray; Smith, David C.: The search for Johnny Nicholas, Ann Arbor 2011.

Meyer, Karl: Die Burg Questenberg und das Questenfest. Nach urkundlichen Quellen, Leipzig 1898.

Mialet, Jean: Hass und Vergebung. Bericht eines Deportierten, Berlin 2006.

Michel, Jean: Dora. The 'Hell of all Concentration Camps' where 60,000 slaves built V1s and V2s for the Nazis, and 30,000 died, London 1979.

Milward, Alan: Die deutsche Kriegswirtschaft 1939–1945, aus dem Englischen Übersetzt von Elisabeth Maria Petzina, Schriftenreihe der Vierteljahrshefte für Zeitgeschichte, Band 12, Stuttgart 1966.

Literaturverzeichnis

Mirbach, Willy: „Damit du es später deinem Sohn einmal erzählen kannst ...". Der autobiographische Bericht eines Luftwaffensoldaten aus dem KZ Mittelbau (August 1944–Juli 1945), herausgegeben und kommentiert von Gerd Halmanns, Veröffentlichungen des Historischen Vereins für Geldern und Umgebung, Band 98, Geldern 1997.

Moser, Johannes: Das Leben Johann Conrad Kranoldts, des Pastors zu Dietersdorf und Chronisten der goldenen Aue, von ihm selbst beschrieben mit Anmerkungen und einem Anhange herausgegeben von Johannes Moser, Pastor zu Dietersdorf, in: Zeitschrift des Harz-Vereins für Geschichte und Altertumskunde, Band 28.2, 1895, 661–694.

Mouton, André: Unverhoffte Wiederkehr aus dem Harz, Goslar 1999.

Müller, Heinrich: Die Lust- und Kinderreise durch das malerische Thüringen. Schilderung merkwürdiger Orte und Personen, Abenteuer, Geschichten und Anekdoten für die lernbegierige Jugend, Mit 6 colorierten Landschaften, Leipzig ca. 1840.

Münchner neueste Nachrichten und Handels-Zeitung, Alpine und Sport-Zeitung, Theater- und Kunst-Chronik.

Neander, Joachim: Das Konzentrationslager Mittelbau in der Endphase der NS-Diktatur. Zur Geschichte des letzten im „Dritten Reich" gegründeten selbständigen Konzentrationslagers unter besonderer Berücksichtigung seiner Auflösungsphase, Clausthal-Zellerfeld 1997.

Neander, Joachim: Gardelegen 1945. Das Ende der Häftlingstransporte aus dem Konzentrationslager Mittelbau, Magdeburg 1998.

Neander, Joachim: „Hat in Europa kein annäherndes Beispiel": Mittelbau Dora - ein KZ für Hitlers Krieg, Berlin 2000.

Noack, Heinz: Die Heimkehle im Biosphärenreservat Karstlandschaft Südharz, Schriftenreihe des Biosphärenreservates Karstlandschaft Südharz, Band 6/2024, herausgegeben vom Biosphärenreservat Karstlandschaft Südharz, Roßla 2024.

Pröhle, Heinrich: Harzsagen. gesammelt auf dem Oberharz und in der übrigen Gegend von Harzeburg und Goslar bis zur Grafschaft Hohenstein und bis Nordhausen, Leipzig 1854.

Reichsanzeiger der Deutschen. Der öffentlichen Unterhaltung über gemeinnützige Gegenstände aller Art gewidmet, Ausgabe 1850.1, vom 08.05.1850.

Schafft, Gretchen: „The american Doctor who was neither, but a Hero nonetheless", in: Journal of the National Medical Association, Volume 84, Number 11, 1992, 983–984.

Schinschke, Philipp: Das Massaker von Drackenstadt, in: Erinnern! Aufgabe, Chance, Herausforderung. 2020/2, 51–57.

Schulte, Jan Erik: Zwangsarbeit und Vernichtung. Das Wirtschaftsimperium der SS: Oswald Pohl und das SS-Wirtschafts-Verwaltungshauptamt 1933–1945, Paderborn 2001.

Schumann, August: Vollständiges Staats-, Post- und Zeitungs-Lexikon von Sachsen. enthaltend eine richtige und ausführliche geographische, topographische und historische Darstellung aller Städte, Flecken, Dörfer, Schlösser, Höfe, Gebirge, Wälder, Seen, Flüsse etc. gesammter Königl. und Fürstl. Sächsischer Lande mit Einschluß des Fürstenthums Schwarzburg, des Erfurtschen Gebietes, so wie der Reußischen und Schönburgischen Besitzungen, Band 16 = Supplementband 3, Gefell bis Horn, Zwickau 1828.

Schuster, Friedrich: Die Heimkehle. Grösste Gipsteinhöhle Deutschlands/Die Heimkehle im Südharzer Gipskarstgebiet, Gesellschaft zur Verbreitung wissenschaftlicher Kenntnisse, Sangerhausen 1956.

Seidel, Christina: Heimkehle: Der Konsul und der heimliche Keller, Mitteldeutsche Zeitung, 07.12.2012. HTML: https://www.mz.de/mitteldeutschland/heimkehle-der-konsul-und-der-heimliche-keller-2188040 [abgerufen am 04.07.2024, 17:22]

Sellier, André: Zwangsarbeit im Raketentunnel – Geschichte des Lagers Dora, Lüneburg 2000.

Sigel, Robert: Im Interesse der Gerechtigkeit. Die Dachauer Kriegsverbrecherprozesse 1945–48, Frankfurt/M. 1992.

Sofsky, Wolfgang: Die Ordnung des Terrors – das Konzentrationslager, Frankfurt am Main 1993.

Sperk, Alexander: Die Staatspolizei(leit)stelle Magdeburg, ihre Leiter und die Zerschlagung der KPD, in: Polizei & Geschichte. Unabhängige interdisziplinäre Zeitschrift für Polizeigeschichte, Band 1, 2009, 4–23.

Stein, Christian Gottfried Daniel: Geographisch-statistisches Zeitungs-, Post- und Comtoir-Lexicon, Band 4.2, T–Z, Leipzig 1821.

Stolberg, Friedrich: Die Höhlen des Harzes, Magdeburg 1926.

Tauke, Oliver: „Genesung" und „Selektion". Zur Funktion der Häftlingskrankenbauten im KZ-Komplex Mittelbau-Dora, Göttingen 1996 (unveröffentlichte Hausarbeit im Rahmen der Ersten Staatsprüfung für das Lehramt am Gymnasium).

Tauke, Oliver: Gestaffelte Selektion – Die Funktion der Häftlingskrankenbauten in den Lagern des KZ Mittelbau-Dora, in: Hahn, Judith; Kavčič, Silvija; Kopke, Christoph (Hrsg.): Medizin im Nationalsozialismus und das System der Konzentrationslager – Beiträge eines interdisziplinären Symposiums, Frankfurt am Main 2005, 26–45.

Thiéry, Laurent (Hrsg.): Le livre des 9000 déportés de France à Mittelbau-Dora, Paris 2020.

Viehmann, Herbert: Hallesche Industrie-, Handels- und Handwerksbetriebe im 19. und 20. Jahrhundert. 128 Unternehmen, Halle 2020.

Völker, Reinhard: Die Heimkehle, Mitteilungen des Karstmuseums Heimkehle, Heft 1, Artern 1981.

Völker, Reinhard: Die Erschliessung der Heimkehle, Mitteilungen des Karstmuseums Heimkehle, Heft 10, Artern 1984.

Volkmann, Sophie: Das KZ-Außenlager Rottleberode. Bedingungen und selbständige Tendenzen, BA-Arbeit Universität Leipzig, Hamburg 2013.

von Rohr, Julius Bernhard: Geographische und Historische Merckwürdigkeiten des Vor- oder Unter-Hartzes. Welche von denen Fürstenthümern Blanckenburg und Hartzgerode, dem Stifft Quedlinburg, den Grafschafften Mannßfeld, Stollberg und deren Städten, Flecken, Schlössern, ehemahligen Clöstern, alten Ruderibus, Bergwercken, notablen Bergen, Flüssen, Seen auch andern Naturalibus, sowohl in Ansehung derer ehemahligen als itzigen Zeiten mancherley besonders in sich fassen; Meistentheils durch genaue

Bemerckung dessen, was man selbst in Augenschein genommen, ausgearbeitet, Frankfurt 1736.

Wachsmann, Nikolaus: KL – Die Geschichte der nationalsozialistischen Konzentrationslager, München 2016.

Wagner, Jens-Christian: Zwangsarbeit im Konzentrationslager. Das Außenlagersystem des KZ Mittelbau-Dora, Magisterarbeit Universität Göttingen, Göttingen 1995.

Wagner, Jens-Christian: Produktion des Todes. Das KZ Mittelbau-Dora, Göttingen 2001.

Wagner, Jens-Christian: Produktion des Todes. Das KZ Mittelbau-Dora, 2. Auflage, Göttingen 2004.

Wagner, Jens-Christian (Hrsg.): Konzentrationslager Mittelbau-Dora 1943–1945. Begleitband zur ständigen Ausstellung in der KZ-Gedenkstätte Mittelbau-Dora, Göttingen 2007.

Wagner, Jens-Christian: Außenlager Rottleberode, in: Benz, Wolfgang; Distel, Barbara (Hrsg.): Der Ort des Terrors. Geschichte der nationalsozialistischen Konzentrationslager, Band 7, München 2008, 330–334.

Wagner, Jens-Christian: Mittelbau-Dora – Stammlager und Außenlager, in: Benz, Wolfgang; Distel, Barbara (Hrsg.): Der Ort des Terrors. Geschichte der nationalsozialistischen Konzentrationslager, Band 7, München 2008, 331–333.

Wagner, Jens-Christian: Rottleberode („Heinrich"), in: The United States Holocaust Memorial Museum (Hrsg.): Encyclopedia of Camps and Ghettos, 1933-1945, Vol. 1, Part B, Bloomington 2009, 997.

Wagner, Jens-Christian (Hrsg): Konzentrationslager Mittelbau-Dora 1943–1945. Begleitband zur Ständigen Ausstellung in der KZ-Gedenkstätte Mittelbau-Dora, 3. Aktualisierte Auflage, Göttingen 2014.

Wagner, Jens-Christian: Produktion des Todes. Das KZ Mittelbau-Dora, 3. grundlegend überarbeitete, erweiterte und auf den neuesten Forschungsstand gebrachte Neuauflage, Göttingen 2015.

Literaturverzeichnis

Wagner, Jens-Christian: Produktion des Todes. Das KZ-Mittelbau-Dora, Aktualisierte und erweiterte Neuauflage, Göttingen 2015.

Wamhof, Georg: Prozeßgebundene Kampagnenpolitik. Die „DDR-Nebenklage" im Essener KZ Dora-Prozeß (1967–1970), in: Moller, Sabine; Rürup, Miriam; Trouvé, Christel (Hrsg.): Abgeschlossene Kapitel? Zur Geschichte der Konzentrationslager und der NS-Prozesse, Tübingen 2002.

Wamhof, Georg: Geschichtspolitik und NS-Strafverfahren. Der Essener Dora-Prozess (1967–1970) im deutsch-deutschen Systemkonflikt, in: Kramer, Helmut; Uhl, Karsten; Wagner, Jens-Christian (Hrsg.): Zwangsarbeit im Nationalsozialismus und die Rolle der Justiz – Täterschaft, Nachkriegsprozesse und die Auseinandersetzung um Entschädigungsleistungen, Nordhausen 2007, 186–208.

Wenck, Alexandra-Eileen: Verbrechen als „Pflichterfüllung"? Die Strafverfolgung nationalsozialistischer Gewaltverbrechen am Beispiel des Konzentrationslagers Bergen-Belsen, in: KZ-Gedenkstätte Neuengamme (Hrsg.), bearb. v. Kurt Buck, Die frühen Nachkriegsprozesse. Beiträge zur Geschichte der nationalsozialistischen Verfolgung in Norddeutschland Bd. 3, Bremen 1997, 38–55.

Wichert, Hans Walter (Hrsg.): Decknamenverzeichnis deutscher unterirdischer Bauten, Ubootbunker, Ölanlagen, chemischer Anlagen und WIFO-Anlagen des zweiten Weltkrieges, 2., unveränderte Auflage, Marsberg 1999.

Winter, Martin Clemens: Gewalt und Erinnerung im ländlichen Raum. Die deutsche Bevölkerung und die Todesmärsche, Berlin 2018.

Zeitfuchs, Johann Arnold: Stolbergische Kirchen- und Stadt-Historie, Frankfurt u. a. 1717. (Reprint Ulm-Münster 1995)

Ziegler, Thilo: Konzentrationslager im Kreis Sangerhausen, in: Beiträge zur Heimatforschung des Spengler-Museums Sangerhausen, Heft 4, 1975, 21–32.

Ziegler, Thilo: Auf Spurensuche. Der Kreis Sangerhausen 1933–1945, Sangerhausen 1999.

Ziegler, Thilo: Unterm Hakenkreuz. Ein Abriss der Geschichte des Kreises Sangerhausen von 1933 bis 1945, Sangerhausen 2004.

Verzeichnis der Autorinnen und Autoren

Frank Baranowski, selbstständiger Rechtsanwalt in Siegen, 1991 bis 1996 Studium der Rechtswissenschaften an der Georg-August-Universität, Autor zahlreicher Publikationen zur Industrie und Rüstungsproduktion im Dritten Reich.

Daniel Bohse, Leiter der Gedenkstätte Moritzplatz Magdeburg, 1994 bis 2001 Studium für das Lehramt an Gymnasien in den Fächern Geschichte und Russisch an der Martin-Luther-Universität Halle-Wittenberg, 2015 Promotion mit einer Arbeit zur „Entnazifizierung in der Provinz Sachsen(-Anhalt) 1945–1946, untersucht am Beispiel von Verwaltung und Justiz" an der MLU Halle-Wittenberg.

Anett Dremel, wissenschaftliche Mitarbeiterin im Projekt „Die Sanitätsabteilung des KZ Neuengamme – Medizin im KZ und Nachwirkungen" an der Gedenkstätte Neuengamme bei Hamburg, Studium der Politikwissenschaft, Neuesten Geschichte und des Öffentliches Rechts an den Universitäten in Kiel und Budapest.

Andreas Froese, Leitung der KZ-Gedenkstätte Mittelbau-Dora, Studium der Geschichte, Politikwissenschaft und Volkswirtschaftslehre an den Universitäten Konstanz, Rom und Prag. 2015–2023 Leiter der Gedenkstätte Feldscheune Isenschnibbe Gardelegen.

Philipp Kiosze, Assistenzarzt in München, Studium der Medizin an der Martin-Luther-Universität Halle-Wittenberg sowie den Universitäten Padua und Köln, 2018 Promotion zum Thema „Medizinischer Alltag in einem Konzentrationslager der letzten Kriegsphase (1943-1945). Die Krankenversorgung im KZ Mittelbau-Dora" an der Universität Ulm.

Jens-Christian Wagner, Leiter der Stiftung Gedenkstätten Buchenwald und Mittelbau-Dora in Weimar, 1987 bis 1995 Studium der Mittleren und Neueren Geschichte sowie der Romanischen Philologie an der Georg-August-Universität Göttingen und an der Universidad Metropolitana de Ciencias de la Educación (UMCE) in Santiago de Chile, 1999 Promotion zum Thema „Verfolgungswahn und Tod" zur Geschichte des KZ Mittelbau-Dora an der Universität Göttingen.

Michael Zerjadtke, wissenschaftlicher Mitarbeiter am Lehrstuhl für Alte Geschichte an der Helmut-Schmidt-Universität/Universität der Bundeswehr Hamburg, 2004 bis 2011 Studium der Alten Geschichte und der Klassischen Archäologie an den Universitäten Halle und Rom, 2017 Promotion zum Thema „dux. Ein vielgestaltiges Amt der gentilen Verbände in Spätantike und frühem Mittelalter im Spannungsfeld zwischen römischem Einfluss und eigener Entwicklung" an der Universität Hamburg.

Notizen